Die Backschule für Potterheads

EINFACH MAGISCH BACKEN

H

MONIQUE ASCANELLI

Die Backschule für Potterheads

EINFACH MAGISCH BACKEN

Mit vielen Step-Bildern
und Zauber-Küchentricks

EMF

EIN BUCH DER
EDITION MICHAEL FISCHER

Inhalt

MONSTERBUCH-TORTE, S.52

KANARIEN-KEKSE, S.118

LUNA-TORTE, S.72

TORTEN

CUPCAKES, POPS & KEKSE

SÜSSIGKEITEN

PIXIE-CUPCAKES, S.114

HAUSELF-TORTE, S.56

NUMBER CAKE, S.92

Willkommen

Sehr geehrte:r Potterhead,

wir freuen uns, Ihnen mitteilen zu können, dass Sie an der Backschule für Potterheads aufgenommen wurden.
Das kommende Schuljahr hält viele spannende Herausforderungen und großartige Aufgaben für Sie bereit.
Um eine makellose Mitarbeit am magischen Unterricht gewährleisten zu können, finden Sie folgend eine Liste aller benötigten Ausrüstungsgegenstände und allerlei Hinweise für einen reibungslosen Ablauf des Lehrplans.
Nach einer Einführung in die Grundlagen des Backens und Modellierens werden Sie für Ihre Prüfungen am Ende des Schuljahrs ausführlich vorbereitet und sind in der Lage süße Kürbis-Pasteten oder Alraunen-Muffins und vieles mehr auf zauberhafte Weise zuzubereiten und sich in Verteidigung gegen schlechte Modellierkünste auszuzeichnen.

Wir wünschen Ihnen viel Spaß beim Backen und Ausprobieren.

Hochachtungsvoll,

Monique Ascanelli
Autorin und Schulleiterin der Backschule für Potterheads,
Gründerin The Cake Toppers

GRUNDLAGEN

Werkzeuge und Backhelfer

CAKE BOARDS

Cake Boards sind dünne, beschichtete Pappen, die es in verschiedenen Formen und Größen gibt. Sie sind sehr hilfreich, wenn man Torten vom Drehteller auf eine Tortenplatte setzen möchte. Bei mehrstöckigen Torten geben sie von unten Stabilität. Für einstöckige Torten sind Cake Boards kein Muss. Alternativ kann man sich auch Tortenuntersetzer zurechtschneiden, die es in gut sortierten Supermärkten zu kaufen gibt.

DREHTELLER

Zur Grundausstattung gehört ein Drehteller: Er erleichtert das Einstreichen der Torten ungemein. Allerdings muss es nicht gleich ein Profidrehteller sein, ein hölzerner Drehteller, den viele sicherlich zu Hause haben, erfüllt den gleichen Zweck.

FONDANTGLÄTTER

Mit einem Fondantglätter, auch Smoother genannt, bekommt man den Rand und den Deckel einer Torte schön glatt. Idealerweise hat man zwei Glätter, mit denen man Tortendeckel und Tortenrand gleichzeitig bearbeiten kann.

LEBENSMITTELFARBE

Fondant, aber auch Baisermasse und Royal Icing kann man mit Lebensmittelfarben unterschiedlich einfärben. Bitte keine anderen Farben für das Färben von Fondant verwenden, auch wenn der Fondant meist nicht gegessen wird! Lebensmittelgelfarbe eignet sich am besten, weil sie sich schnell und gleichmäßig verteilt. Eure Händen könnt ihr mit Einweghandschuhen vor der Farbe schützen. Dunkle, kräftige Farbtöne wie Schwarz, Rot oder Dunkelblau sind nicht ganz einfach herzustellen. Für diese Farbtöne empfehlen wir, farbigen Fondant zu kaufen.

MODELLIERWERKZEUGE

Fondantwerkzeuge sind nützliche Helfer bei der Herstellung von Fondantfiguren. Fondantmesser, Ballwerkzeug und Kegelwerkzeug werden am häufigsten verwendet und gehören zur Grundausstattung. Sets mit Werkzeugen gibt es bereits in jedem gut sortierten Supermarkt. Allerdings solltet ihr hier nicht die erstbesten nehmen, sondern ein wenig auf Qualität achten: Wir haben die Erfahrung gemacht, dass viele günstige Werkzeuge unsauber verarbeitet sind.

ROLLSTÄBE

Mit einem Rollstab oder alternativ einem Nudelholz aus Silikon lässt sich Fondant problemlos glatt ausrollen. Viele Rollstäbe haben Distanzringe, die dafür sorgen, dass der Fondant an allen Stellen gleich dick ist. Alternativ kann man Fondant zwischen zwei Teighölzern ausrollen, die die gleiche Funktion übernehmen. Ein langer Rollstab eignet sich auch gut, um den ausgerollten Fondant von der Arbeitsfläche auf die Torte zu transportieren.

SILIKONMATTE

Auf einer Silikonmatte, bestreut mit ein wenig Maisstärke, lässt sich Fondant gut ausrollen. Ein weiterer Vorteil der Matte: Der Fondant lässt sich mit ihrer Hilfe mühelos auf die Torte legen. Einfach die Matte mit dem ausgerollten Fondant nehmen und – Fondant nach unten – auf die Torte legen, dann die Matte abziehen ... und der Fondant hat den Transport ohne Risse überstanden.

SPRITZBEUTEL UND TÜLLEN

Wer regelmäßig Torten backt und sie schön verzieren möchte, kommt an Spritzbeuteln und Tüllen nicht vorbei. Schon mit einer kleinen Auswahl an Tüllen kann man ganz unterschiedliche Effekte erzielen. Als Grundausstattung sollte man sich verschiedene Stern- und Lochtüllen zulegen, eine Rosentülle und, wer mag, ein paar Blatttüllen. Mehr Infos gibt es auf Seite 12.
Grundsätzlich empfehlen wir Metalltüllen. Manche Hersteller bieten kleine Starter-Sets an. Praktisch ist auch, wenn man die Tüllen in einer Box bekommt. So hat man immer einen guten Überblick, und die Tüllen sind sofort griffbereit.

Spritzbeutel gibt es in der Einweg- und in der Mehrwegvariante. Wir bevorzugen Einwegspritzbeutel, weil sie besonders hygienisch sind. Achtet beim Kauf darauf, dass die Spritzbeutel stabil sind: Nichts ist ärgerlicher, als wenn der Beutel beim Aufspritzen reißt oder platzt.

STÄRKE

Bäckerstärke oder Maisstärke verhindern, dass der Fondant an der Arbeitsfläche festklebt. Deshalb gehört die Stärke zu den Grundzutaten beim Arbeiten mit Fondant.

STREICHPALETTEN

Mit Paletten streicht man Cremes, Füllungen und Ganache glatt. Es gibt sie in verschiedenen Größen wie auch als Winkel- und als Streichpaletten.

TEIGKARTEN

Mit Teigkarten kann man den Rand einer Torte entweder glatt, wellig oder zackig ziehen. Sie sollten biegsam sein und für glatte Torten zwei glatte Seiten haben. Wichtig ist außerdem, dass sie einen rechten Winkel haben. Man setzt die eine glatte Kante nämlich unten auf einen Drehteller und fährt mit der zweiten Kante an der Torte entlang, während man den Teller dreht. Je nach Höhe der Torte muss eine Teigkarte mindestens 10 cm lang sein.

SCHABLONEN

Für die Deko einiger Rezepte in diesem Buch sind Schablonen nötig. Diese findet ihr zum Download, ausdrucken und ausschneiden auf der Verlags-Website **unter www.emf-verlag.de/motivtorten-backen.**

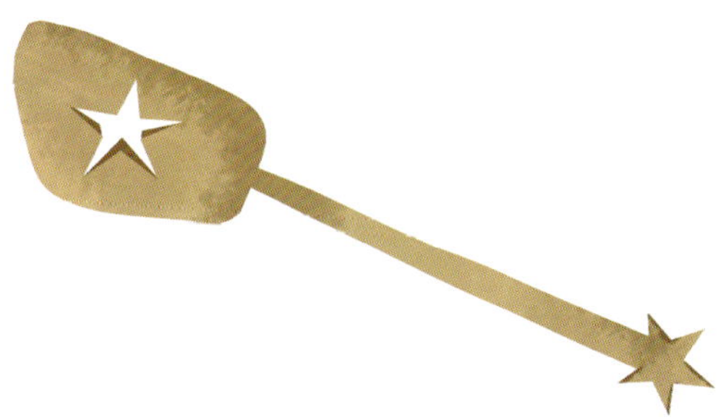

Tipps & Tricks

1. Ist der Fondant zu trocken, kann man Pflanzenfett dazugeben und ihn durchkneten.

2. Ist die Konsistenz des Fondants zu weich, gibt man ein wenig Speisestärke dazu und knetet weiter, bis der Fondant fester wird.

3. Idealerweise werden fertig dekorierte Fondanttorten nicht im Kühlschrank gelagert. Fondant ist eine Zuckerpaste, die Feuchtigkeit anzieht und sich dadurch aufzulösen beginnt.

4. Figuren und dickere Fondantdekorationen können und sollten schon Tage vorher vorbereitet werden. Sie brauchen nämlich länger, um durchzutrocknen.

5. Fertige Fondantdekorationen können trocken und dunkel theoretisch für immer aufbewahrt werden. Zu schade wäre es, gelungene Dekorationen nach der Party wegzuwerfen.

6. Torten müssen vor dem Einkleiden fondanttauglich gemacht werden. Hier empfehlen sich Cremes wie Buttercreme, Ganache oder Swiss-Meringue-Buttercreme.

7. Ganache verleiht der Torte außerdem Stabilität.

8. Vor dem Verarbeiten muss der Fondant richtig schön weich geknetet werden, bis eine elastische Masse entstanden ist, so werden Risse vermieden.

9. Außerdem sollte man den Fondant nicht zu dünn ausrollen. Ideal sind 3–5 mm.

10. Zum Färben von Fondant eignen sich Gel- oder Pastenfarben am besten.

11. Bei dunklen Fondanttönen wie Schwarz, Rot und Dunkelblau ist zu empfehlen, diese nicht selbst herzustellen, sondern fertig zu kaufen.

12. Zum Einfärben von Fondant ist zu empfehlen, Einweghandschuhe zu verwenden.

13. Risse und unschöne Macken auf dem Fondant werden schlimmer, wenn man an ihnen herumdoktert. Mit ein wenig Royal Icing in der Fondantfarbe kann man Macken und Risse ausbessern.

14. Blasen im Fondant bilden sich oft beim Durchkneten. Sollten sich Blasen auf der Torte bilden, kann man sie mit einer Nadel zerstechen. Allerdings kann dann an dieser Stelle der Fondant in sich zusammenfallen.

15. Unschöne Fondantränder am unteren Rand einer Torte lassen sich mit einem schönen Band, aufgespritzten Tuffs oder Fondantbordüren verstecken.

16. Gebrochene oder gerissene Blüten lassen sich meistens mit Zuckerkleber reparieren.

17. Wer es eilig hat, kann Cremetorten auch mit einer Randtülle umspritzen, das spart den Crumbcoat.

18. Schokolade sollte immer nur mit ölhaltigen Farben gefärbt werden.

Boden schneiden und Fondant tauglich machen

1. Wird der Biskuit nicht am selben Tag weiterverarbeitet, einfach in Frischhaltefolie wickeln.

2. Den Biskuit auf eine Tortenplatte setzen und waagerecht zweimal durchschneiden.

3. Nach Belieben mit einem Pinsel den Boden mit Sirup bestreichen.

4. Für die Füllung den Boden dünn mit Creme bestreichen und mit einem Spritzbeutel mit großer Lochtülle einen Rand am Tortenrand ziehen.

5. Die Füllung auf den Boden geben.

6. Den zweiten Boden auflegen, leicht andrücken und die Schritte 3–6 wiederholen.

7. Die überstehende Creme mit einer Winkelpalette glatt streichen, um die Krümel zu binden. Für ca. 10 Minuten im Kühlschrank kühl stellen.

8. Die Ganache mit einer Winkelpalette dünn und glatt auf dem Rand und obenauf auftragen. Für 10 Minuten im Kühlschrank kühl stellen.

9. Wenn die Ganache fest geworden ist, die Torte mit der restlichen Ganache glatt einstreichen und wieder kühl stellen.

Nun ist die Torte fondanttauglich. Mindestens 4 Stunden in den Kühlschrank stellen, bis die Torte komplett fest ist. Fondant-Torten brauchen Stabilität, deswegen es ist besser, die Torte schon einen Tag im Voraus fertig zu haben.

1

2

3

4

5

6

7

8

9

Torte eindecken

1. Die Arbeitsfläche mit Bäckerstärke bestreuen und den Fondant kneten bis er weich und elastisch ist.

2. Den Fondant ca. 5 mm dick ausrollen, dabei immer wieder etwas anheben und drehen, damit er nicht auf der Arbeitsfläche festklebt. Der ausgerollte Fondant sollte für eine Torte mit Ø 20 cm etwa Ø 60 cm haben und für eine Torte mit Ø 16 cm etwa Ø 45 cm.

3. Den ausgerollten Fondant auf die Torte legen, leicht mit der Hand glatt streichen, sodass alles eng anliegt und keine Luftblasen entstehen.

4. Mit zwei Fondantglättern die Torte vorsichtig glatt streichen.

5. Fondant mit ein Messerwerkzeug am Tortenrand abschneiden. Fondantreste luftdicht verpacken. Diese können weiterverwendet werden.

Mehrstöckige Torte aufbauen

1. Für eine mehrstöckige Torte muss der untere Boden stabilisiert werden. Hierfür eignen sich Tortendübel oder Holzstäbe. Diese auf die Höhe der unteren Torte kürzen und in die Torte stecken. Darauf achten, dass alle die gleiche Höhe haben.

2. Etwas Zuckerdekorcreme auf die Mitte der unteren Torte streichen und anschließend die kleinere Torte draufsetzen.

Der Motivtorten Zeitplan

1. ZUTATEN BESORGEN
   1 Woche vorher
2. DIE FONDANT-DEKORATION HERSTELLEN
   1 Woche bis 3 Tage vorher
3. DIE BÖDEN FÜR DIE TORTE BACKEN
   1 Tag vorher
4. DIE CREMES UND GANACHE ZUBEREITEN, TORTE STAPELN UND EINDECKEN
   Tag der Fertigstellung
5. DIE DEKORATION ANBRINGEN
   Vor der Präsentation

Torteneinteilung

Ø 16 CM:
6–8 Portionen

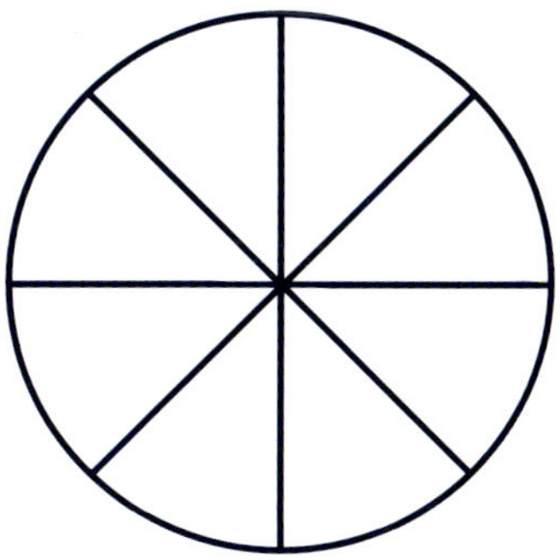

Ø 20 CM:
10–12 Portionen

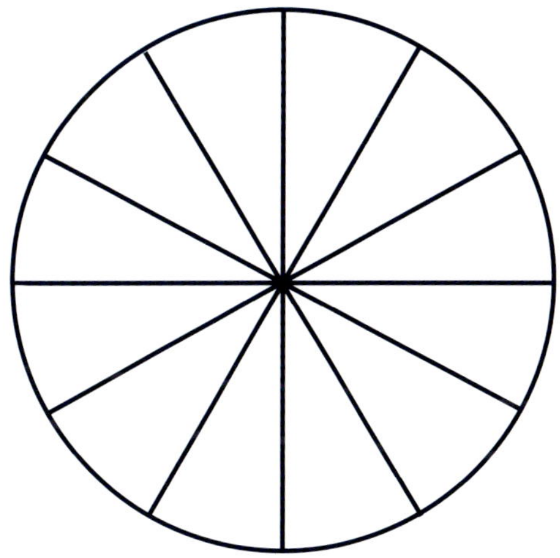

Ø 20 CM:
14 Portionen

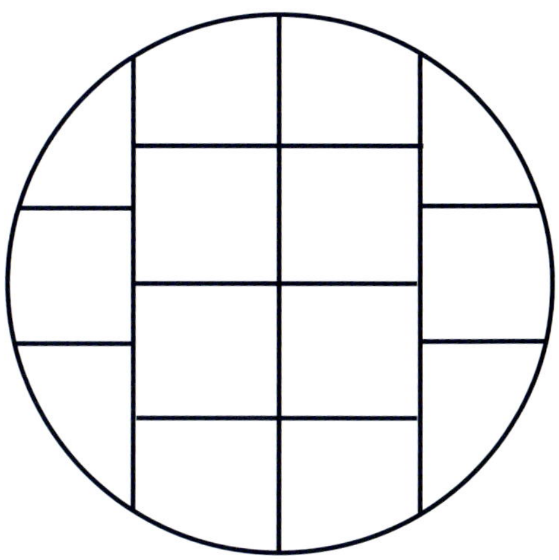

Butter Schokoladen Biskuit

ZUTATEN

Für je 3 Böden Ø 20 cm

Für je 3 Böden Ø 16 cm – ½ Rezept

265 g Mehl (Type 405)
1 TL Natron
1 TL Backpulver
40 g Backkakao
Salz
200 g Vollmilchschokolade
250 g Butter (Raumtemperatur)
100 ml Vollmilch (Raumtemperatur)
1 ½ TL Instant-Kaffeepulver
1 ½ TL Bourbon-Vanille-Paste
250 g Rohrohrzucker
4 Eier (Größe L, Raumtemperatur)
150 g griechischer Joghurt (Raumtemperatur)

ZUBEREITUNG

Der Teig kann bereits einen Tag vor dem Zusammenbau vorbereitet werden. Den Backofen auf 160 °C (Umluft) vorheizen. 3 Springformen einfetten und mit Mehl bestauben.

Mehl, Natron, Backpulver, Kakaopulver und ½ TL Salz mischen und beiseitestellen.

Schokolade zerkleinern und in einem Topf mit Butter, Milch, Kaffeepulver und Vanille langsam erhitzen, bis alle Zutaten vollständig geschmolzen sind. Vom Herd nehmen.

Zucker und Eier in einer großen Rührschüssel aufschlagen, bis sich das Volumen verdoppelt hat. Schokoladenmischung langsam hinzufügen und weiterschlagen.

Mehlmischung und Joghurt abwechselnd hinzufügen, bis alles vollständig eingearbeitet ist. Den Teig gleichmäßig auf die drei Backformen verteilen. Im heißen Ofen 20 Minuten backen. Stäbchenprobe durchführen. Herausnehmen und auf einem Kuchengitter vollständig auskühlen lassen.

Italienischer Schokoladen Biskuit

ZUTATEN

Für 1 Springform Ø 20 cm

125 g Mehl (Type 405)

25 g Backkakao

150 g feiner Zucker

5 Eier (Größe L, Raumtemperatur)

Für 1 Springform Ø 16 cm

80 g Mehl (Type 405)

10 g Backkakao

90 g feiner Zucker

3 Eier (Größe L, Raumtemperatur)

ZUBEREITUNG

Den Backofen auf 170 °C (Ober-/Unterhitze) vorheizen. Die Springform einfetten und mit etwas Mehl bestäuben.

Mehl und Kakaopulver mischen und beiseitestellen. Eier und Zucker mit dem Schneebesen einer Küchenmaschine auf höchster Stufe mindestens 15 Minuten aufschlagen, bis eine sehr fluffige Masse mit dem 5-fachen Volumen entstanden ist. Mehlmischung in 3 Teilen auf die Eiermasse sieben und vorsichtig unterheben.

Den Teig in die Springform füllen, dabei nicht glätten und nicht auf die Arbeitsplatte klopfen. Im heißen Ofen (Mitte) etwa 40 Minuten backen. Den Backofen zwischendurch nicht öffnen. Stäbchenprobe nicht vergessen.

Aus dem Ofen holen und sofort aus der Form lösen und auf einem Kuchengitter vollständig auskühlen lassen. In Frischhaltefolie wickeln und über Nacht ruhen lassen.

Butter Vanille Biskuit

ZUTATEN

Für 3 Springformen Ø 16 cm

Für 3 Springformen Ø 20 cm

375 g Mehl (Type 405)

1 ½ TL Backpulver

½ TL Natron

Salz

115 g Butter (Raumtemperatur)

110 ml Pflanzenöl

1 EL Butter-Vanillearoma (alternativ andere Aromen nach Belieben)

400 g feinster Zucker

325 ml Vollmilch (Raumtemperatur)

2 Eier (Größe L, Raumtemperatur)

2 Eiweiß (Größe L, Raumtemperatur)

ZUBEREITUNG

Den Backofen auf 160 °C (Ober-/Unterhitze) vorheizen. 3 Springformen einfetten und mit Mehl bestäuben.

Mehl, Backpulver, Natron und ½ TL Salz in einer großen Schüssel mischen und beiseitestellen. In einer separaten Schüssel Butter, Öl, Aroma und Zucker gut verrühren.

Eier und Eiweiß nacheinander untermischen, bis die Mischung sehr leicht und locker wird.

Mehlmischung abwechselnd mit der Milch dazugeben. Dabei sollte mit Mehl begonnen werden und auch enden.

Den Teig gleichmäßig auf die drei Formen verteilen. Für 30–40 Minuten im heißen Ofen (unten) backen. Stäbchenprobe machen.

15–20 Minuten in den Springformen auskühlen lassen, danach auf einem Kuchengitter vollständig auskühlen lassen.

Italienischer Vanille Biskuit

ZUTATEN

Für 1 Springform Ø 20 cm

150 g Mehl (Type 405)

50 g Speisestärke

1 TL Backpulver

4 Eier (Größe L, Raumtemperatur)

1 TL Vanillearoma

150 g Feiner Zucker

Für Springform Ø 16cm

70 g Mehl (Type 405)

30 g Speisestärke

½ TL Backpulver

3 Eier (Größe L, Raumtemperatur)

90 g feiner Zucker

1 TL Vanillearoma

ZUBEREITUNG

Backofen auf 160 °C (Ober-/Unterhitze) vorheizen. Springform einfetten und mit etwas Mehl bestäuben.

Mehl, Speisestärke, Backpulver mischen und sieben.

Eier, Vanille und Zucker mit dem Schneebesen einer Küchenmaschine auf höchster Stufe für mindestens 10–15 Minuten aufschlagen, bis eine sehr fluffige Masse und das 5-fache Volumen entstanden ist. Mehlmischung in 3 Teilen auf die Eiermasse sieben und vorsichtig unterheben.

Den Teig in die Springform füllen. Einmal vorsichtig auf die Arbeitsplatte klopfen, sodass die Luftblasen entweichen können. Im heißen Ofen (Mitte) etwa 35–40 Minuten goldbraun backen. Dabei den Backofen zwischendurch nicht öffnen. Stäbchenprobe nicht vergessen.

Kuchen aus dem Ofen holen und sofort aus der Form lösen und auf einem Kuchengitter vollständig auskühlen lassen. In Frischhaltfolie wickeln und über Nacht ruhen lassen.

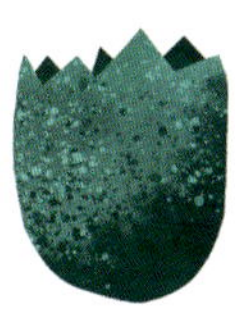

Butter Zimt Biskuit

ZUTATEN

Für je 3 Böden

Für 3 Springformen Ø 20 cm

Für 3 Springformen Ø 16 cm

230 g Butter (Raumtemperatur)

200 g feinster Zucker

200 g feinster brauner Zucker

4 Eier (Größe L, Raumtemperatur)

400 g Mehl (Type 405)

2 TL Backpulver

½ TL Natron

1 TL gemahlener Zimt

½ TL Salz

300 ml Buttermilch (Raumtemperatur)

1 EL Vanillearoma

ZUBEREITUNG

Backofen auf 180 °C (Ober-/Unterhitze) vorheizen. 3 Springformen einfetten und mit Mehl bestäuben.

Die Butter luftig aufschlagen. Beide Zucker langsam zugeben und weiter luftig-cremig schlagen. Eier nacheinander unterrühren, bis die Mischung leicht und locker wird.

Mehl, Backpulver, Natron, Zimt und ½ TL Salz in einer großen Schüssel mischen und sieben.

Mehlmischung abwechselnd mit der Buttermilch zur Buttermischung geben. Dabei sollte mit Mehl begonnen werden und auch enden. Vanillearoma zugeben und kurz verrühren.

Den Teig gleichmäßig auf die 3 Springformen verteilen. Im heißen Ofen (unten) 25 Minuten backen. Stäbchenprobe machen. Herausholen und 15–20 Minuten in den Formen auskühlen lassen, danach auf einem Kuchengitter vollständig auskühlen lassen.

Zitronen Biskuit

ZUTATEN

Für 1 Springform Ø 16 cm
Für 1 Springform Ø 20 cm

150 g Mehl (Type 405)

1 Bio-Zitrone

4 Eier (Größe L, Raumtemperatur)

150 g Zucker

50 g Speisestärke

1 TL Backpulver

ZUBEREITUNG

Den Backofen auf 160 °C (Ober-/Unterhitze) vorheizen. Springform einfetten und mit Mehl bestäuben.

Mehl, Backpulver und Speisestärke mischen und sieben. Die Zitrone heiß abwaschen und die Schale abreiben. Dann halbieren und den Saft auspressen.

Die Eier und Zucker mit dem Schneebesen einer Küchenmaschine auf höchster Stufe mindestens für 10 Minuten aufschlagen. Zitronenschale und Saft zugeben und weiterschlagen. Der Eimasse soll schaumig sein und das Volumen vervierfacht haben.

Mehlmischung in 3 Portionen auf die Eiermasse sieben und jeweils vorsichtig unterheben.

Teig in die Springform geben. Im heißen Ofen (unten) 35–40 Minuten backen. Stäbchenprobe machen. Herausholen und sofort aus der Form lösen. Auf einem Kuchengitter vollständig auskühlen lassen.

Cupcake und Cake-Pop Rührteig

ZUTATEN

Für 12 Cupcakes

Für 12 Cake-Pops

190 g Mehl (Type 405)

1 TL Backpulver

½ TL Natron

Salz

60 g Butter (Raumtemperatur)

55 ml Pflanzenöl

1 ½ TL Butter-Vanille-Aroma
(alternativ auch andere Aromen)

200 g feinster Zucker

1 Ei (Größe L, Raumtemperatur)

1 Eiweiß (Größe L, Raumtemperatur)

165 ml Milch (Raumtemperatur)

ZUBEREITUNG

Backofen auf 160/165 °C (Ober-/Unterhitze) vorheizen. Muffinblech mit Papierförmchen auslegen.

Mehl, Backpulver, Natron und ½ TL Salz in einer großen Schüssel verrühren. Beiseitestellen.

In einer separaten Schüssel Butter, Öl, Aroma und Zucker gut verrühren. Eier und Eiweiß nacheinander untermischen, bis die Mischung sehr leicht und locker ist.

Mehlmischung abwechselnd mit der Milch dazugeben. Dabei sollte mit Mehl begonnen werden und auch enden.

Den Teig gleichmäßig auf die Muffinförmchen verteilen. Für 20 Minuten im heißen Ofen (unten) backen. Stäbchenprobe machen.

Aus dem Ofen holen und in den Formen abkühlen lassen, dann auf einem Kuchengitter vollständig auskühlen lassen.

Schokoladen Muffins

ZUTATEN

Für 12 Muffins

210 g Mehl (Type 405)

60 g Backkakao

1 ½ TL Backpulver

1 TL Natron

200 g Zucker

Salz

2 Eier (Größe L, Raumtemperatur)

2 TL Vanillearoma

120 ml Pflanzenöl

170 g saure Sahne (Raumtemperatur)

120 ml Vollmilch (Raumtemperatur)

170 g backfeste Schokoladentröpfchen

ZUBEREITUNG

Backofen auf 210 °C (Ober-/Unterhitze) vorheizen. Muffinblech mit Papierförmchen auslegen.

Mehl, Kakao, Backpulver, Natron, Zucker und 1 Prise Salz in einer großen Schüssel mischen und sieben.

In einer separaten Schüssel die Eier, Vanille, Pflanzenöl, saure Sahne und Milch verquirlen. Die feuchten Zutaten mit der Mehlmischung verrühren, bis alles gerade so vermengt ist. 50 g Schokoladentröpfchen beiseitestellen, die restlichen darüberstreuen und untermengen, bis alles gut verbunden ist.

Muffinförmchen bis zum Rand mit Teig füllen und mit den Schokoladentröpfchen bestreuen. Für 7 Minuten bei 210 °C backen, dann Temperatur auf 180 °C herunterdrehen und weitere 14 Minuten backen. Stäbchenprobe machen.

Aus dem Ofen holen und in den Formen abkühlen lassen, dann auf einem Kuchengitter vollständig auskühlen lassen.

WICHTIG: Ofentür zwischendurch nicht aufmachen!

Zimt Cupcakes

ZUTATEN

Für 12 Cupcakes

170 g Mehl (Type 405)
20 g Maisstärke
1 ½ TL Backpulver
2 TL gemahlener Zimt
Salz
115 g Butter (Raumtemperatur)
150 g brauner Zucker
2 Eier (Größe L, Raumtemperatur)
1 TL Vanillearoma
120 ml Buttermilch (Raumtemperatur)

ZUBEREITUNG

Backofen auf 180 °C (Ober-/Unterhitze) vorheizen. Muffinblech mit Papierförmchen auslegen.

Mehl, Speisestärke, Backpulver, Zimt und ¼ TL Salz in eine Schüssel sieben und gut mischen.

Butter und Zucker mit den Quirlen eines Handrührgeräts aufschlagen, bis sie leicht und locker sind. Vanille hinzufügen, Eier einzeln unterrühren.

Die Mehlmischung und Buttermilch im Wechsel in kleinen Portionen kurz unterrühren.

Formchen zu ⅔ mit dem Teig füllen und im heißen Ofen (Mitte) etwa 18–20 Minuten backen. Die Stäbchenprobe nicht vergessen.

Aus dem Ofen holen, 5 Minuten in den Förmchen abkühlen lassen, danach auf einem Kuchengitter auskühlen lassen.

Keks Teig

ZUTATEN

Für 48 (24 fertige) Kanarienkekse

Für 25 Pulloverkekse

Für 30 Krawattenkekse

170 g Mehl (Type 405)

65 g Puddingpulver (Vanillegeschmack)

170 g Butter (Raumtemperatur)

50 g Puderzucker

¼ TL Natron

ZUBEREITUNG

Backofen auf 175 °C (Ober-/Unterhitze) vorheizen.
Ein Blech mit Backpapier auslegen.

Mehl, Puddingpulver und Natron in eine Schüssel sieben und beiseitestellen.

Butter und Zucker in einer separaten Schüssel mit dem Handrührgerät ca. 3 Minuten aufschlagen, bis sie cremig und leicht ist. Mehlmischung zugeben und gut vermengen.

Den Teig kurz mit den Händen kneten, auf einer bemehlten Arbeitsfläche 7 mm dick ausrollen und mit dem Ausstecher ausstechen. Kekse auf das Blech legen.

Die Kekse im heißen Ofen (Mitte) 15–18 Minuten backen, bis der Boden gerade leicht bräunt. Aus dem Ofen nehmen und vollständig abkühlen lassen.

Ganache

ZUTATEN

Für 1 Torte mit Ø 20 cm

200 g Vollmilchschokolade
100 ml Schlagsahne

Für 1 Torte mit Ø 16 cm

150 g Vollmilchschokolade
75 ml Schlagsahne

ZUBEREITUNG

Die Sahne in einem kleinen Topf aufkochen. Währenddessen die Schokolade klein hacken und in eine große Schüssel geben. Sahne über die Schokolade gießen, kurz stehen lassen, dann mit einem Schneebesen durchrühren, bis keine Klümpchen mehr vorhanden sind. Mit Frischhaltefolie abdecken und über Nacht auf der Arbeitsplatte auskühlen lassen.

Wird die Ganache am selben Tag benötigt, in den Kühlschrank stellen. Dabei immer wieder durchrühren, damit sie schneller abkühlt und gleichmäßig aushärtet.

Ganache kann einige Tage bei Raumtemperatur oder etwa einen Monat im Kühlschrank gelagert werden.

Vanille und Schokoladen Buttercreme

ZUTATEN

Für 1 Torte mit Ø 20 cm als Füllung

Für 1 Torte mit Ø 16 cm als Füllung – ½ Rezept

250 g Butter

500 g Puderzucker

60 g Schlagsahne

2 TL Vanilleextrakt

Salz

+70 g Backkakao

ZUBEREITUNG

Die Butter cremig aufschlagen. Puderzucker darübersieben, Schlagsahne, Vanilleextrakt und 1 Prise Salz hinzufügen und weiterschlagen, bis die Creme cremig und locker ist.

Für die Schokobuttercreme den Kakao mit dem Puderzucker über die Butter sieben und genauso verfahren.

Weiße Schokoladen Buttercreme

ZUTATEN

Für 12 Cupcakes

Für 1 Torte mit Ø 16 cm als Füllung

Für 1 Numbercake als Füllung – 2 Rezepte

Für 1 Torte mit Ø 20 cm als Füllung – 2 Rezepte

115 g weiße Schokolade

2 EL Sahne

170 g Butter (Raumtemperatur)

290 g Puderzucker

1 TL Vanillearoma

Salz (nach Belieben, um die Süße zu mildern)

ZUBEREITUNG

Die Schokolade klein hacken und mit der Sahne langsam über einem Wasserbad schmelzen. Etwas abkühlen lassen.

Die Butter luftig aufschlagen, Puderzucker darübersieben und weiter cremigschlagen. Schokolade und Vanillearoma dazu geben. Weniger Minuten weiter schlagen, bis die Creme glatt und cremig ist.

Wenn die Creme zu süß ist, 1 Prise Salz hinzufügen. Gut unterrühren, bis alles gut vermischt ist.

Karamell Schokoladen Creme

ZUTATEN

Für 1 Torte mit Ø 20 cm als Füllung

Für 1 Torte mit Ø 16 cm als Füllung – ½ Rezept

200 g Zartbitter-Kuvertüre

500 g Konditor-Milchkaramellcreme (Dulce de Leche, Raumtemperatur)

200 g Butter (Raumtemperatur)

1 TL Vanilleextrakt

gehackte Walnüsse oder Cognac (nach Belieben)

ZUBEREITUNG

Schokolade hacken und über einem Wasserbad schmelzen. Abkühlen lassen.

Dulce de Leche und Butter verquirlen, bis die Creme heller wird. Die Schokolade zugeben und weiterrühren. Vanilleextrakt untermischen.

Nach Belieben können gehackte Walnüsse oder Cognac untergehoben werden.

WICHTIG: Es muss Konditor-Milchkaramellcreme sein, diese ist fest und geeignet für Füllungen. Mit der normalen Milchkaramellcreme klappt es nicht.

Erdbeer Buttercreme

ZUTATEN

Für 1 Torte mit Ø 20 cm als Füllung

250 g Butter
500 g Puderzucker
60 g Schlagsahne
Salz
2 TL Vanilleextrakt
250 g frische Erdbeeren

Für 1 Torte mit Ø 16 cm als Füllung

125 g Butter
250 g Puderzucker
30 g Schlagsahne
Salz
1 TL Vanilleextrakt
125 g frische Erdbeeren

ZUBEREITUNG

Die Butter cremig aufschlagen. Puderzucker darübersieben. Schlagsahne, 1 Prise Salz und Vanilleextrakt hinzufügen und weiterschlagen, bis die Creme locker und cremig ist.

Erdbeeren waschen, trocken tupfen, klein schneiden und unter die Buttercreme rühren.

Heidelbeer Füllung

ZUTATEN

Für 1 Torte mit 20 cm als Füllung

Für 1 Torte mit Ø 16 cm als Füllung – ½ Rezept

50 g feinster Zucker

Salz

25 g Speisestärke

250 g frische oder TK-Heidelbeeren

2 TL Zitronensaft

ZUBEREITUNG

Zucker, 1 Prise Salz und Speisestärke in einen Topf geben. Heidelbeeren, 60 ml Wasser und Zitronensaft hinzufügen, und rühren, bis alles gut vermischt ist.

Die Mischung bei mittlerer bis hoher Hitze langsam erhitzen, bis sich der Zucker auflöst. 3 Minuten unter ständigem Rühren aufkochen, bis die Mischung zu sprudeln beginnt. Weitere 2 Minuten kochen, bis sie eindickt. Vom Herd nehmen und auf Raumtemperatur abkühlen lassen.

Wenn die Füllung nicht sofort verwendet wird, kann sie bis zu 1 Woche in einem luftdichten Behälter im Kühlschrank gelagert werden.

Himbeer Füllung

ZUTATEN

Für 1 Torte mit Ø 20 cm als Füllung
Für 1 Torte mit Ø 16 cm als Füllung – ½ Rezept

70 g feinster Zucker
2 EL Speisestärke
300 g TK-Himbeeren
1 EL Zitronensaft

ZUBEREITUNG

Zucker und Speisestärke in einen Topf geben. Himbeeren, 2 EL Wasser und den Zitronensaft hinzufügen und gut miteinander vermengen.

Bei mittlerer Hitze langsam erwärmen, damit sich der Zucker löst und die Himbeeren weich werden. Für 7 Minuten unter Rühren zum Kochen bringen.

Unter ständigem Rühren 2 Minuten sprudelnd weiterkochen lassen, bis die Himbeeren eindicken. Vom Herd nehmen und auf Raumtemperatur abkühlen lassen. Beim Abkühlen wird die Füllung noch fester.

Wird die Füllung nicht sofort verwendet, kann sie bis zu 1 Woche in einem luftdichten Behälter im Kühlschrank gelagert werden.

Lemon Curd

ZUTATEN

Für 1 Torte mit Ø 20 cm als Füllung
Für 1 Torte mit Ø 16 cm als Füllung – ½ Rezept

2 Eier (Größe M, Raumtemperatur)

¼ TL Salz

125 g Zucker

1 große Bio-Zitrone

60 g Butter (Raumtemperatur)

ZUBEREITUNG

In einer Glas- oder Metallschüssel Eier und Salz verquirlen. Zucker zugeben und unterrühren. Die Zitrone heiß waschen, trocknen, die Schale abreiben und den Saft auspressen. Es sollten 90 ml sein. Saft und Schale zur Eiermischung geben und verrühren.

Die Schüssel über einem warmen Wasserbad 5 Minuten erhitzen, dabei unaufhörlich rühren, bis die Mischung dicker wird. Die Butter dazugeben und weiterrühren, bis sie komplett geschmolzen und die Masse gut eingedickt ist. Dann vom Herd nehmen und auf Raumtemperatur abkühlen lassen, ab und zu durchrühren.

Das Curd ist luftdicht verschlossen im Kühlschrank bis zu 3 Tage haltbar.

Salzkaramell Sauce

ZUTATEN

Für 1 Torte mit Ø 20 cm als Füllung

Für 1 Torte mit Ø 16 cm als Füllung – ½ Rezept

125 g Sahne-Karamell-Bonbons

60 ml Sahne

½ TL Salz

ZUBEREITUNG

Bonbons und die Sahne bei sehr schwacher Hitze in einen Topf geben und erhitzen. Dabei rühren, bis die Bonbons schmelzen und die Mischung homogen ist. Mit Salz abschmecken. Vor Gebrauch abkühlen lassen.

Rice Crisp

ZUTATEN

Für 300 g Crisp-Masse

50 g Butter

100 g Marshmallows

Pflanzenöl

150 g gepuffter Reis

ZUBEREITUNG

Die Butter in einem großen Topf bei niedriger Hitze schmelzen lassen. Die Marshmallows dazugeben und schmelzen lassen. Die Masse kurz abkühlen lassen. Inzwischen eine große Schüssel mit etwas Öl leicht einfetten.

Marshmallow-Masse in die Schüssel geben, den gepufften Reis dazugeben und mit der Hand verkneten.

Die Crisp-Masse formen und auskühlen lassen.

Zuckersirup

ZUTATEN

Für 1 Torte mit Ø 20 cm

200 g Zucker

200 ml Wasser

Für 1 Torte mit Ø 16 cm oder 12 Cupcakes

100 g Zucker

100 ml Wasser

Nach Belieben

+/- 1 TL Spirituosen
(Rum, Brandy, Kirschwasser, Amaretto, Baileys; nicht für Kinder geeignet), Schale von 1 Zitrusfrucht (Orange, Zitrone)

+/- 1 TL Vanille, Zimt, Kaffee

ZUBEREITUNG

Klassische Version

Zutaten in einen Topf geben, Zucker im Wasser auflösen und ca. 15 Minuten auf mittlerer Hitze zum Kochen bringen, bis alles eingedickt ist. Wichtig dabei: Nicht aufhören zu rühren, da es sonst karamellisiert.

Mit Aroma

Likör: Erst hinzufügen, wenn der Sirup nicht mehr kocht.

Zitrusfrüchte: Schalenabrieb in das Wasser geben, bevor es kocht.

Kaffee: Anstatt des Wassers heißen Kaffee verwenden.

Vanille oder Zimt: In das Wasser geben, bevor es kocht.

Fondant Kleber

ZUTATEN

Für 60 ml

60 ml warmes Wasser

½ TL CMC-Pulver (online oder im Fachmarkt erhältlich)

ZUBEREITUNG

Wasser und CMC miteinander verrühren, bis sich das Pulver vollständig aufgelöst hat.

Hält bis zu 1 Monat im Kühlschrank.

TIPP
Wenn der Kleber zu dick wird, einfach wenig Wasser hinzufügen, bis die gewünschte Konsistenz erreicht ist.

ACHTUNG!
Wenn zu viel Kleber verwendet wird, beginnt der Fondant sich aufzulösen.

Variationen von Torten und Cremes

BUTTER-VANILLE-BISKUIT

WEISSE-SCHOKOLADEN-BUTTERCREME

+ Himbeerfüllung
+ Salzkaramell-Sauce
+ Heidelbeerfüllung

VANILLE-BUTTERCREME

+ Himbeerfüllung
+ Salzkaramell-Sauce
+ Heidelbeerfüllung
+ Lemon Curd

SCHOKOLADEN-BUTTERCREME

KARAMELL-BUTTERCREME

ZITRONE-BISKUIT

WEISSE-SCHOKOLADEN-BUTTERCREME

+ Himbeerfüllung
+ Heidelbeerfüllung

VANILLE-BUTTERCREME

+ Himbeerfüllung
+ Heidelbeerfüllung
+ Lemon Curd

ZIMT-BISKUIT

WEISSE-SCHOKOLADEN-BUTTERCREME

+ Salzkaramell-Sauce

VANILLE-BUTTERCREME

+ Salzkaramell-Sauce

SCHOKOLADEN-BUTTERCREME

KARAMELL-BUTTERCREME

SCHOKOLADEN-BISKUIT

VANILLE-BUTTERCREME

+ Himbeerfüllung
+ Salzkaramell-Sauce

SCHOKOLADEN-BUTTERCREME

KARAMELL-BUTTERCREME

VANILLE-CUPCAKES

WEISSE-SCHOKOLADEN-BUTTERCREME

VANILLE-BUTTERCREME

SCHOKOLADEN-BUTTERCREME

KARAMELL-BUTTERCREME

ZIMT-CUPCAKES

WEISSE-SCHOKOLADEN-BUTTERCREME

VANILLE-BUTTERCREME

SCHOKOLADEN-BUTTERCREME

KARAMELL-BUTTERCREME

Schwierigkeits-grade

LEICHT

MITTEL

SCHWER

S

9 3/4

PROJEKTE

Für 1 Torte
(Ø 16 cm)

Best Friends

TORTE

Dekoration:
3 Std.

Ruhezeit:
1 Woche

Torte:
2 Std.

ZUTATEN

FÜR DIE TORTE

1 Rezept Zitronen-Biskuit (Ø 16 cm)

½ Rezept weiße Schokoladen-Buttercreme

½ Rezept Lemon Curd

1 Rezept Ganache (Ø 16 cm)

400 g Fondant in Weiß

FÜR DIE DEKORATION

SCHLÜSSEL

100 g Fondant in Gelb (Pastel Yellow)

Zuckerdekorcreme

weißer Draht (18 Gaug)

goldenes Lebensmittelspray

ZAUBERSCHÜLER

150 g Fondant in Elfenbein (Elegant Yvory)

100 g Fondant in Schwarz

50 g Fondant in Grau (Stone Gray)

50 g Fondant in Weiß

50 g Fondant in Braun (Maroon brown)

10 g Fondant in Rosa (Pastel Pink)

10 g Fondant in Dunkelrot/Burgund (Ruby Red)

schwarze Zuckerdekorcreme

EULE

100 g Fondant in Weiß

15 g Fondant in Gelb

15 g Fondant in Schwarz

MAUER

500 g Fondant in Dunkelgrau (Stone Gray)

WAPPEN

50 g Fondant in Dunkelrot/Burgund (Ruby Red)

10 g Fondant in Gelb (Yellow Mellow)

Zuckerdekorcreme

goldenes Lebensmittelfarbpuder

Rejuvenator-Spirit-Flüssigkeit (Lebensmittel-Alkohol)

goldenes Lebensmittelspray

GRAS

10 g Fondant in Grün (Forest Green)

Blumen-Ausstecher

ZUBEREITUNG

Mit der Herstellung der Dekoration 1 Woche im Voraus beginnen. Nur die Mauer wird am Tag der Fertigstellung hergestellt.

Am Tag vor der Fertigstellung den Biskuit, die Creme, Sirup und Ganache nach den Grundrezepten vorbereiten. Die Torte wie auf S. 13 zusammensetzten und fondanttauglich machen.

Zum Fertigstellen den weißen Fondant weich kneten und auf einer bemehlten Arbeitsfläche 3–5 mm dick ausrollen. Die Torte damit eindecken wie auf S. 14. Mit essbarem Kleber Mauer und Gras am Tortenrand befestigen. Den Rest der Deko auf der Torte platzieren.

GEFLÜGELTE SCHLÜSSEL

Den gelben Fondant mindestens 7 mm dick ausrollen. Den Fondant in die Schlüssel-Silikonform drücken, sodass er richtig geprägt wird. Vorsichtig lösen und Reste abschneiden. **(1)** Für mindestens 1 Tag trocknen lassen.

Die Flügel der Schlüssel mit Zuckerdekorcreme nachfahren und mindestens 1 Tag trocknen lassen. Draht und Flügel auf die Rückseite der Schlüssel mit Zuckerdekorcreme kleben und mindestens 3 Tage trocknen lassen. Sobald sie fest sind, mit Goldspray besprühen. **(2)**

EULE

Zwei Drittel des weißen Fondants weich kneten und zu einem bohnenförmigen Körper formen. Mit einem Ballwerkzeug zwei längliche Löcher für die Augen hineinmodellieren. **(3)**

Aus gelbem Fondant zwei Kugeln formen und mit wenig Wasser in die Augenhöhlen kleben. Zwei kleinere schwarze Fondantkugeln formen und auf die Augen kleben. Zwei winzige weiße Fondantkugeln formen und auf die schwarze kleben. Zwei dünne Brauen aus weißem Fondant formen und am Rand der Augen mit Wasser befestigen. Einen kleinen Kegel aus schwarzem Fondant formen und als Schnabel in die Mitte des Gesichts kleben. **(4)**

Die Flügel und den Bauch mit dem Messerwerkzeug zart eindrücken, am Bauch Federn modellieren. Aus etwas weißem Fondant zwei Flügel formen und mit dem Messerwerkzeug je drei Federn ausformen. **(5)** Flügel ankleben und mit dem Halbmondwerkzeug die Federn einprägen.

Aus schwarzem Fondant zwei kleine Herzen modellieren, mit dem Messerwerkzeug in der Mitte eindrücken und als Füße befestigen. Zwei kleine Kegel aus weißem Fondant als Ohren ankleben. **(6)**

ZAUBERSCHÜLER

Für den Kopf aus elfenbeinfarbenen Fondant einen runden Kopf formen und mit dem Ballwerkzeug die Augen eindrücken. Aus weißem Fondant zwei Kugeln formen und mit wenig Wasser in die Augenhöhlen kleben. **(7)** Zwei kleinere schwarze Fondantkugeln formen und auf die Augen kleben. Zwei winzige weiße Kügelchen als Pupillen auf die schwarzen kleben.

Den Mund mit dem Halbmondwerkzeug eindrücken, mit dem Ballwerkzeug den Mund in der Mitte verbreitern und eine Öffnung ausarbeiten. **(8)** Einen Halbmond aus wenig rosafarbenem Fondant formen, platt drücken und mit etwas Wasser in die Mundhöhle kleben.

Ein kleines Oval in Elfenbein als Nase zwischen die Augen kleben. Für die Ohren zwei Kugeln aus elfenbeinfarbenem Fondant formen und mit dem Ballwerkzeug in der Mitte etwas eindrücken, mit wenig Wasser an den Kopfseiten befestigen. **(9)**

Für die Haare braunen Fondant 5 mm dick ausrollen und die Frisur ausschneiden **(10)**, mit Wasser auf den Kopf kleben. Eine Haartextur einarbeiten und zwei Fransen aufkleben. Die Blitznarbe auf der Stirn markieren. **(11)**

1

2
FunCakes
FunColours

3

4

5

6

7

8

9

Eine kleine Kugel und einen Zylinder aus elfenbeinfarbenen Fondant formen und übereinander auf einem Zahnstocher befestigen.

Weißen Fondant dünn ausrollen, ein Rechteck ausschneiden und mit wenig Wasser auf den Oberkörper kleben. **(12)**

Grauen Fondant dünn ausrollen, ein Rechteck und daraus ein V ausschneiden und auf den weißen Fondant als Pullover kleben. Einen Kragen aus grauem Fondant schneiden und am Pulloverrand anbringen. **(13)**

Dann dunkelgrauen Fondant dünn ausrollen und eine rechteckige Hose ausschneiden. Auf die untere Körperhälfte kleben und die Beine mit dem Messerwerkzeug markieren. **(14)**

Dunkelgrauen Fondant 5 mm dick ausrollen, trapezförmig schneiden und als Umhang an den Rücken kleben. **(15)** Aus dunkelrotem Fondant einen dreieckigen Kragen ausschneiden und aufkleben.

Dann zwei ovale schwarze Kugeln für die Schuhe formen und zwei dunkelgraue Kegel für die Arme formen. Mit dem Kegelwerkzeug ein Loch für die Hände in die Arme eindrücken.

Für die Hände zwei Kegel aus elfenbeinfarbenen Fondant formen und die Finger mit dem Messerwerkzeug eindrücken. Festkleben. **(16)**

Für die Brillen die Vorlage unter eine Folie legen und mit schwarzer Zuckerdekorcreme nachzeichnen. Trocknen lassen. Sobald sie trocken ist, mit wenig Zuckerdekorcreme auf dem Gesicht platzieren und befestigen. **(17)**

Weißen Fondant dünn ausrollen, zwei Mini-Dreiecke ausschneiden und als Hemdkragen mit etwas Wasser aufkleben.

Aus braunem Fondant einen Zauberstab formen, 24 Stunden trocknen lassen und mit Zuckerdekorcreme auf der Hand befestigen.

MAUER

Für die Mauer den dunkelgrauen Fondant 3 mm dick ausrollen. Die Strukturmatte mit der Mauerstruktur auf den Fondant legen und mit dem Rollstab darüberrollen. Vorsichtig lösen und ein Stück ausschneiden **(18)**, das um die Torte passt und etwas breiter als die Hälfte der Höhe der Torte ist.

WAPPEN (FOTO S. SEITE 89)

Den dunkelroten Fondant 5 mm dick ausrollen und das Wappen ausschneiden.

Mit der Fondantpresse eine gelbe Kordel auspressen und am äußeren Rand des Wappens mit wenig Wasser aufkleben.

Für die Beschriftung Text unter einem Backpapier oder einer Folie platzieren und mit Zuckerdekorcreme nachfahren. Mindestens 4 Stunden trocknen lassen und dann mit dem goldenen Farbspray besprühen.

Die Beschriftung mit Zuckerdekorcreme auf das Wappen kleben. Kordel mit goldener Farbe anmalen. Etwas Zuckerdekorcreme auf die Wappenrückseite geben und weißen Draht daraufkleben. Mindestens 24 Stunden trocknen lassen.

10

11

12

13

14

15

16

17

18

Monsterbuch

TORTE

Dekoration:
3–4 Std.

Torte:
2 Std.

Für 1 Torte
(28 x 12 cm)

ZUTATEN

FÜR DIE TORTE

1 Rezept Butter-Schokoladen-Biskuit (20 x 20 mm)

1 Rezept Schokoladen-Buttercreme

1 Rezept Sirup

1 Rezept Ganache

FÜR DIE DEKORATION

680 g Fondant in Elfenbein
(ca. 14 x 25 g für die Tentakeln / 250 g für die Buchseiten / 80 g für die Zähne)

90 g Fondant in Braun
(ca. 12 x 25 g für die Tentakeln / 500 g für das Buchcover / 100 g für die Augen)

150 g Fondant in Rosa

50 g Fondant in Weiß (4x für die Augen)

10 g Fondant in Schwarz

Lebensmittelpuder in Braun

ZUBEREITUNG

Am Tag vor der Fertigstellung den Biskuit, Buttercreme, Sirup und Ganache vorbereiten. Den Biskuit wie auf S. 54 schneiden (Biskuit an einer Seite auf 12 cm kürzen, den abgetrennten Biskuit quer platzieren und 5 cm lang x 12 cm breit) und die Torte fertigstellen. Bis zum Einkleiden kühl stellen.

BUCHSEITEN

250 g elfenbeinfarbenen Fondant 5 mm dick ausrollen und einen 52 cm langen Streifen, der so breit wie die Höhe der Torte ist, ausschneiden. Mit dem Messerwerkzeug die Seiten einritzen. Dieser Streifen wird an den Tortenrand geklebt. Um den Seiteneffekt zu verstärken, mit braunem Lebensmittelpuder bestäuben. **(1)**

AUGEN

Für die Augen aus weißem Fondant vier Kugeln formen. Aus braunem Fondant größere flache Linsen für die Augen formen. Mit einer kleinen schwarzen und einer winzigen weißen Kugel als Pupille die Augen dekorieren. **(2) + (3)**

TENTAKEL

Aus dunkelrosafarbenem Fondant 14 längliche Tentakel formen. Das dickere Ende etwas platt drücken. Dann für die Saugnäpfe kleine Kugeln machen und aufkleben. Mit einem Zahnstocher kleine Löcher eindrücken. Dann die Tentakel durch Biegen in Form bringen. Diese mit braunem Fondant 12-mal wiederholen, jedoch ohne Saugnäpfe. **(4)**

ZUNGE

Den dunkelrosafarbenen Fondant 3 mm dick ausrollen und ein Rechteck schneiden. Die Spitze V-förmig einschneiden und die Ränder leicht schräg abschneiden. In der Mitter eine Mittellinie einprägen. **(5) + (6)**

ZAHNFLEISCH UND ZÄHNE

Aus dunkelrosafarbenem Fondant zwei dickere Trapeze formen. Mit dem Messerwerkzeug sechs Rillen eindrücken und so das Zahnfleisch modellieren. Mit dem Kegelwerkzeug sechs Löcher für die Zähne eindrücken. Aus elfenbeinfarbenen Fondant 12 verschieden große spitze Zähne formen und in die Vertiefungen mit etwas Wasser kleben.

FERTIGSTELLUNG

TENTAKELN

Oben und unten mit Zuckerdekorcreme auf der Torte festkleben, falls nötig mit Zahnstochern befestigen.

ZÄHNE

Mit der Hilfe von Zahnstochern oder Spaghetti mittig oben und unten an der Torte feststecken.

ZUNGE

Ebenfalls mit einem Zahnstocher oder Spaghetti in die Torte stecken.

BUCHDECKEL

Braunen Fondant 5 mm dick ausrollen und ca. 30 cm lang und 30 cm breit schneiden. Mit einem Messerwerkzeug kleine Schnitte für den Fell-Effekt modellieren, dabei den Rand etwas fransig lassen. Auf die Torte und Tentakel legen und in den Zwischenräumen etwas andrücken.

AUGEN

Die vier Augen vorne mittig hinter den Zähnen mit wenig Wasser ankleben. Aus braunem Fondant ein großes Augenlid ausrollen, mit dem Fellmuster versehen und über den Augen auf den Buchdeckel kleben.

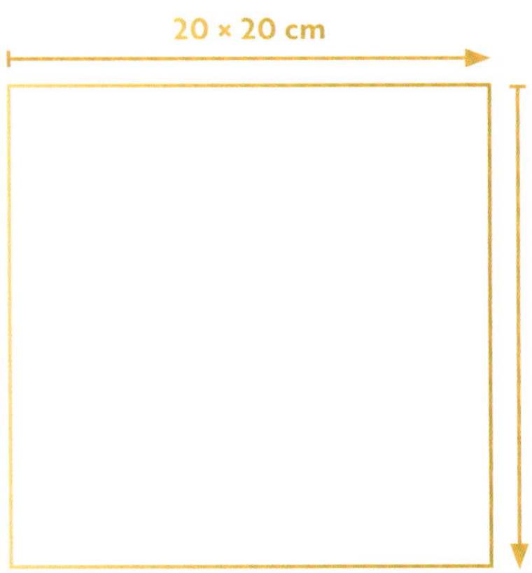

1
2
3
4
5
6

Hauself

TORTE

Für 1 Torte (Ø 16 cm)

Dekoration: 3 Std.

Ruhezeit: 1 Woche

Torte: 2 Std.

ZUTATEN

FÜR DIE TORTE

1 Rezept Zitronen-Biskuit (Ø 16 cm)

1 Rezept Vanille-Buttercreme (Ø 16 cm)

½ Rezept Lemon Curd

1 Rezept Ganache (Ø 16 cm)

400 g Fondant in Hellgelb (Pastel Yellow)

FÜR DIE DEKORATION

BÜCHER

200 g Fondant in Bordeaux (Ruby Red)

200 g Fondant in Lila (Fancy Violet)

200 g Fondant in Hellblau (Baby Blue)

200 g Fondant in Elfenbein (Elegant Yvory)

DOBBY

200 g Fondant in Elfenbein (Elegant Yvory)

50 g Fondant in Hellblau (Baby Blue)

50 g Fondant in Schwarz

10 g Fondant in Weiß

SOCKE

200 g Fondant in Hellgelb (Pastel Yellow)

BUCHSTABEN

schwarze Zuckerdekorcreme

AUSSERDEM

Schablonen

ZUBEREITUNG

Mit der Herstellung der Dekoration 1 Woche im Voraus beginnen.

Am Tag vor der Fertigstellung den Biskuit backen, die Buttercreme, Sirup und Ganache herstellen und kühlen.

Am Zubereitungstag den Boden waagerecht teilen, auf eine Tortenplatte setzen und die Torte herstellen. Mit Ganache überziehen und fondanttauglich machen.

BUCH

Für das Buch den bordeauxfarbenen Fondant 3 mm dick ausrollen und die Buchdeckel und einen 2 cm breiten Rücken daraus ausschneiden. Mit wenig Wasser einen Rand des Rückens bestreichen, Buchrücken an den Deckel kleben und trocknen lassen. **(1)**

Einen etwa 32 cm langen Streifen elfenbeinfarbener Fondant 3 mm dick ausrollen. Mit einem Modellierwerkzeug oder Messer die Seiten einprägen. Den Streifen ca. 1,7 cm breit schneiden. **(2)** Dann mit etwas Wasser ca. 5 mm vom Rand entfernt auf dem Deckel aufkleben. Um den Seiteneffekt noch zu verstärken, mit einem Pinsel braunes Lebensmittelpuder auf die Seiten streichen. Für mindestens 1 Woche trocknen lassen. Den zweiten Deckel mit Zuckerguss aufkleben, oder mit Süßigkeiten füllen und offen lassen. **(3)** Für die anderen Bücher ebenso verfahren.

SIR.

ELF

Für den Elfen einen ovalen Kopf aus elfenbeinfarbenen Fondant formen und mit dem Ballwerkzeug zwei runde Löcher für die Augen hineinmodellieren. Zwei weiße Kugeln formen und in die Mulden der Augen kleben. Darauf zwei etwas kleinere schwarze Kugeln formen und auf die weißen kleben. Zuletzt zwei winzige weiße Kugeln als Pupillen aufkleben. **(4)**

Aus elfenbeinfarbenem Fondant eine spitze Nase formen und mit etwas Wasser zwischen die Augen kleben. Mit dem Messerwerkzeug Falten in das Gesicht einritzen. **(5)**

Für die Augenbrauen zwei kleine Halbmonde und zwei kleine Würste formen und oberhalb der Augen übereinander aufkleben. Die Ohren aus platten, abgerundeten Dreiecken formen und mit dem Messer die Ohrmuschel einprägen. **(6)**

Für den Körper einen zylinderförmigen Körper mit runden Ecken formen und mithilfe eines Zahnstochers am Kopf befestigen. Mit wenig Wasser kleben.

Für das Kleid den hellblauen Fondant 3 mm dick ausrollen und rechteckig ausschneiden. Mit etwas Wasser auf den Körper kleben, den Überstand abschneiden. **(7)**

Für die Arme zwei längliche Tropfen aus elfenbeinfarbenem Fondant formen. Den breiten Teil flach drücken und mit dem Messerwerkzeug Finger ausarbeiten. Linken Arm an den Körper kleben.

Einen kleinen dreieckigen Kragen von rechts nach links auf- und über den linken Arm kleben. Rechten Arm formen und mit etwas Wasser ankleben. **(8)**

Für die Füße zwei Kugeln aus elfenbeinfarbenen Fondant formen und etwas platt drücken. Jede Kugel dreimal einschneiden, sodass 4 Zehen ausgeformt werden, und jeweils unter den Körper kleben.

Mit braunem Lebensmittelpuder die Ohren betupfen. **(9)**

SOCKEN

Für die Socke hellgelben Fondant mindestens 7 mm dick ausrollen. Den Fondant in die Silikonform drücken, sodass er richtig geprägt wird. Eine Socke ausschneiden **(10)** und mit einem Glas oder Messer den Hacken und die Spitze ausschneiden und durch ein glattes Stück ersetzen. Festkleben und das Bündchen verzieren. **(11)** Für mindestens 1 Woche trocknen lassen.

BESCHRIFTUNG (SIR.)

Eine durchsichtige Folie auf den Buchstaben platzieren und mit Zuckerdekorcreme nachfahren. Mindestens 4 Stunden trocknen lassen.

FERTIGSTELLUNG

Die Torte mit weißem Fondant einkleiden und mit Kleber die Buchstaben und die Socke an der Torte befestigen. Zum Servieren die Bücher und den Elfen auf der Torte platzieren.

1

2

3

4

5

6

7

8

9

10

11

Happee Birthdae

TORTE

Dekoration:
30 Min.

Torte:
2 Std.

Für 1 Torte
(Ø 20 cm)

ZUTATEN

1 Rezept Butter-Schokoladen-Biskuit (Ø 20 cm)

1 Rezept Schokoladen-Buttercreme

1 Rezept Himbeerfüllung

1 Rezept Ganache (Ø 16 cm)

AUSSERDEM

500 g Fondant in Rosa (Pretty Pink)

100 g Deco-Melts in Grün

Spritzbeutel mit dünner Tülle (Nr. 2)

ZUBEREITUNG

Für die Torte den Biskuit nach dem Grundrezept (S. 18) backen. Die Buttercreme und Füllung herstellen und die Torte zusammensetzen (s. S. 13).

Den Fondant weich kneten und groß genug ausrollen. Die Torte damit eindecken. Hier muss die Decke nicht perfekt glatt sein, Falten und Ecken machen den „Draufgesessen-Look" realgetreu. Mit einem Messerwerkzeug kann ein großer Riss eingearbeitet werden.

Das Deco-Melt in einer Schüssel über einem Wasserbad schmelzen, kurz abkühlen lassen und in einen Spritzbeutel mit Tülle geben. Auf einer Folie den Schriftzug „Happee Birthdae" und den Namen des Geburtstagskindes schreiben, trocknen lassen, und mit etwas Wasser auf die Torte kleben.

TIPP

Alternativ kann die Torte anstatt mit Fondant auch mit Buttercreme verziert werden.

Dafür 1 Rezept Vanille-Buttercreme mit rosa Lebensmittelfarbe einfärben und auf der Torte verstreichen. Mit einem Messerwerkzeug einen großen Riss über die Oberfläche ziehen. Mit Deco-Melt wie beschrieben den Schriftzug schreiben und getrocknet auf der Trote platzieren.

HAPPEE
BIRTHDAE
HARRY

Für 1 Torte
(Ø 16 cm)

Leviosa

TORTE

Dekoration:
3 Std.

Ruhezeit:
1 Woche

Torte:
2 Std.

ZUTATEN

FÜR DIE TORTE

1 Rezept Vanille-Biskuit (Ø 16 cm)

½ Rezept Erdbeer-Buttercreme

1 Rezept Ganache

400 g Fondant in Weiß

FÜR DIE DEKORATION

FEDERN

100 g Fondant in Weiß

Zuckerdekorcreme

weißer Draht (18 Gaug)

KATZE

100 g Fondant in Orange

20 g Fondant in Beige

15 g Fondant in Weiß

15 g Fondant in Schwarz

HEXE

150 g Fondant in Elfenbein (Elegant Yvory)

100 g Fondant in Schwarz

50 g Fondant in Grau (Stone Gray)

50 g Fondant in Weiß

50 g Fondant in Braun (Maroon)

10 g Fondant in Rosa (Pastel Pink)

10 g Fondant in Burgund (Ruby Red)

Zuckerdekorcreme in Schwarz

MAUER

500 g Fondant in Braun

AUSSERDEM

Silikonformen für Federn und Mauerwerk

Lebensmittelpuder in Braun

Werkzeuge

Pinsel

Fondantkleber

ZUBEREITUNG

Mit der Herstellung der Dekoration 1 Woche im Voraus beginnen. Nur die Mauer wird am Tag der Fertigstellung hergestellt.

Am Tag vor der Fertigstellung den Biskuit, die Buttercreme und Ganache nach den Grundrezepten zubereiten.

Die Torte zusammenstellen und fondanttauglich machen. Den weißen Fondant weich kneten und auf einer bemehlten Arbeitsfläche 3–5 mm dick ausrollen. Dann die Torte damit eindecken und den Überstand abschneiden. Die Mauer herstellen und mit Fondantkleber am Tortenrand befestigen.

Vor dem Servieren den Rest der Dekoration auf der Torte platzieren.

FEDERN

Den Fondant mindestens 7 mm dick ausrollen und in die Federn-Silikonform drücken, sodass er richtig geprägt wird. Den Fondant vorsichtig aus der Form lösen, dabei darauf achten, dass er nicht einreißt. Die Federn für mindestens 24 Stunden trocknen lassen. Für den Alt-Effekt mit Lebensmittelpuder leicht betupfen.

Leviosa

Dann den Draht mit Zuckerdekorcreme hinten auf die Federn kleben und mindestens 3 Tage trocknen lassen.

KATZE

Für die Katze einen Kegel aus orangem Fondant formen und ein Seitenende mit einem Messerwerkzeug abschneiden. Für den Kopf eine etwas größere und breitere Kegel formen. Beide Stücke mit einem Zahnstocher verbinden. **(1)**

Aus beigem Fondant eine ovale Schnauze formen und mittig unten am Gesichtsrand mit wenig Wasser ankleben. Mit einem Messerwerkzeug ein auf dem Kopf stehendes „Y" markieren.

Die Augenhöhlen mit einem Ballwerkzeug eindrücken und die Höhlen mit weißem Fondant ausfüllen. **(2)** Zwei kleine schwarze Kugeln in die Mitte der Augen kleben und mit zwei winzigen weißen Kugeln die Pupillen aufkleben.

Für das Katzenfell mit einem Skalpell kleine Ritze in den Fondant machen und so die Fellstruktur erzeugen.

Zwei dicke Augenbrauen über die Augen kleben und ebenfalls mit dem Skalpell ein Fellmuster einritzen. Aus rosa Fondant eine kleine Nase formen und aufkleben. **(3)**

Zwei kleine Dreiecke formen und als Ohren auf den Kopf kleben, Fellmuster einritzen.

Für die Brust ein Dreieck aus beigem Fondant formen und auf den Körper kleben. Mit dem Skalpell von oben nach unten lange Ritze einschneiden. Die Vorderbeine tropfenförmig formen und an den Seiten des Körpers befestigen. Ein Hinterbein formen und hinter das linke Vorderbein kleben. **(4)** Mit dem Skalpell die Fellstruktur auf dem gesamten Körper einritzen. Den Schwanz formen und ebenfalls mit dem Fellmuster versehen.

HEXE

Für den Kopf einen flachen Kreis auf elfenbeinfarbenen Fondant formen und mit dem Ballwerkzeug die Augen eindrücken. Aus weißem Fondant zwei Augen formen und mit wenig Wasser in die Augenhöhlen kleben. Zwei kleinere schwarze und zwei winzige weiße Fondantkugeln formen und als Augen aufkleben. **(5)**

Den Mund mit dem Halbmondwerkzeug eindrücken und mit einem Ballwerkzeug in der Mitte eine Öffnung ausarbeiten. Aus rosa Fondant einen Halbmond formen und mit etwas Wasser in die Mundhöhle kleben. Eine kleine ovale Kugel formen und als Nase aufkleben. **(6)**

Für die Ohren zwei kleine Kugeln aus elfenbeinfarbenen Fondant formen, mit dem Ballwerkzeug die Ohrmuscheln eindrücken und mit wenig Wasser am Kopf befestigen.

Für die Haare braunen Fondant 5 mm dick ausrollen und die Haarpartien ausschneiden. Mit einer Haarstruktur prägen und mit etwas Wasser auf den Kopf kleben. Evtl. mit einem Wattepad abstützen. Eine Franse schneiden und auf die Haare kleben. **(7)**

Eine kleine Kugel als Hals und einen länglichen Körper aus elfenbeinfarbenen Fondant formen, mit einem Zahnstocher befestigen. **(8)**

Weißen Fondant dünn ausrollen, ein Rechteck ausschneiden und auf den Oberkörper kleben. Grauen Fondant dünn ausrollen, ein Rechteck mit V-Ausschnitt ausschneiden und auf den Oberkörper als Pullover kleben, Bündchen einritzen. Aus Fondant einen dünnen Kragen formen und mit Wasser aufkleben.

Aus etwas dunkelgrauem Fondant einen dünnen Streifen ausschneiden, mit dem Messerwerkzeug Rockfalten markieren und an den Pullover kleben. Die Beine mit dem Messerwerkzeug markieren. Die Socken aus dunkelgrauem Fondant schneiden und an die Beine kleben. Aus schwarzem Fondant zwei kleine ovale Kugeln formen und als Schuhe unten an die Beine kleben. **(9)**

Für den Umhang dunkelgrauen Fondant 5 mm dick ausrollen, den Umhang ausschneiden und an den Rücken kleben. **(10)** Aus dunkelrotem Fondant einen Kragen ausschneiden und aufkleben.

Für die Arme zwei Kegel aus dunkelgrauem Fondant formen, ein wenig platt machen und mit dem Kegelwerkzeug ein Loch eindrücken. Zwei Kugel aus elfenbeinfarbenen Fondant für die Hände formen und die Finger mit dem Messerwerkzeug modellieren. **(11)**

Aus weißem Fondant zwei Mini-Dreiecke ausschneiden und als Hemdkragen mit etwas Wasser in den Kragen kleben.

Einen Zauberstab aus braunem Fondant formen und mindestens 24 Stunden trocknen lassen. Mit Zuckerdekorcreme in die Hand kleben.

MAUER

Den braunen Fondant 3 mm dick ausrollen und mit der Strukturmatte die Mauerstruktur mithilfe eines Rollstabs einprägen. Vorsichtig lösen und ein Stück ausschneiden, das um die Torte herum passt, und etwas breiter als die Hälfte der Höhe der Torte ist. Mit etwas Kleber bestreichen und festkleben.

1

2

3

4

5

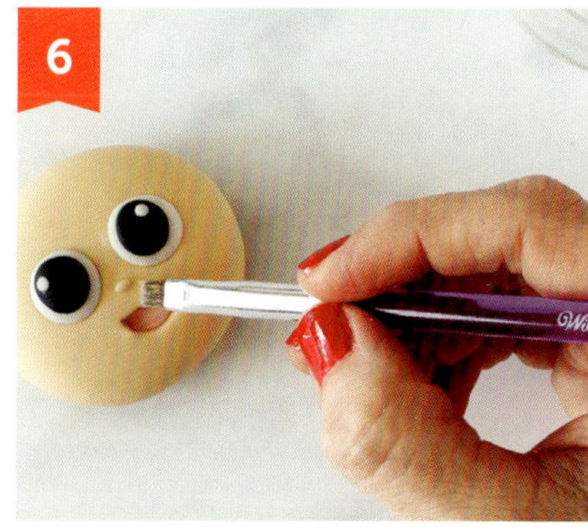
6

7

8

9

10

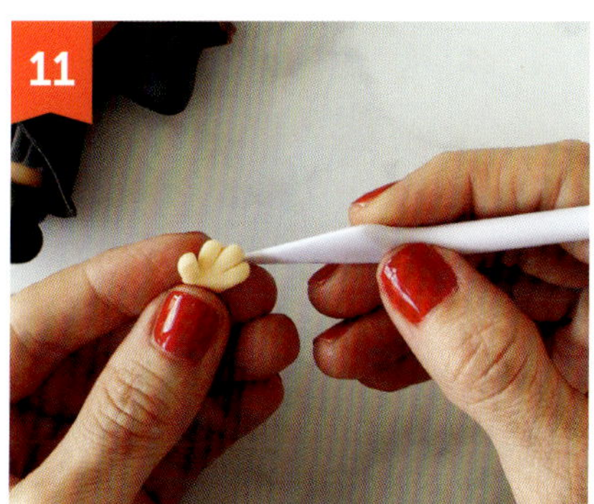
11

Für 1 Torte
mit 2 Etagen
(Ø 20 + 16 cm)

Hogwarts

TORTE

Dekoration:
2 Std.

Ruhezeit:
1 Woche

Torten:
4 Std.

ZUTATEN

FÜR DIE UNTERE EBENE (Ø 20 CM)

500 g Fondant in Weiß

1 Rezept Schokoladen-Biskuit

1 Rezept Vanille-Buttercreme

1 Rezept Himbeerfüllung

1 Rezept Sirup

1 Rezept Ganache

FÜR DIE OBERE EBENE (Ø 16 CM)

400 g Fondant in Weiß

250 g Fondant in Burgund (Ruby Red)

250 g Fondant in Gelb (Mellow Yellow)

1 Rezept Schokoladen-Biskuit

½ Rezept Vanille-Buttercreme

½ Rezept Himbeerfüllung

½ Rezept Ganache

FÜR DIE DEKORATION

SPINNE

150 g Fondant in Schwarz

9 ¾

schwarze Zuckerdekorcreme

SCHNATZ

100 g Fondant in Gelb

Styroporkugel (Ø 3 cm)

BUCHSTABE

50 g Fondant in Gelb (Mellow Yellow)

Lebensmittelfarbspray in Gold

NIMBUS

100 g Fondant in Hellbraun (Teddy-Bear-Braun)

100 g Schokoladen-Fondant

50 g Fondant in Gelb (Mellow Yellow)

Lebensmittelpuder in Gold

MAUER

300 g Fondant in Braun (Maroon Brown)

100 g Fondant in Burgund (Ruby Red)

ZUBEREITUNG

Mit der Herstellung der Dekoration 1 Woche im Voraus beginnen.

Am Tag vor der Fertigstellung die Biskuits, Buttercremes, Sirup und Ganache nach den Grundrezepten zubereiten.

Die Torten zusammenstellen und fondanttauglich machen. Den weißen Fondant weich kneten und auf einer bemehlten Arbeitsfläche 3–5 mm dick ausrollen. Dann die Torten damit eindecken und den Überstand abschneiden.

Die Tortendübel auf die Höhe der unteren Ebene zuschneiden und in die Torte stecken. Die zweite Torte auf die untere Ebene platzieren.

SPINNE

Für die Spinne aus schwarzem Fondant einen ovalen Hinterleib formen und die Spitze rund abschneiden. **(1)** Den Kopf aus etwas Fondant rechteckig-rund ausformen und Körper und Kopf mit einem Zahnstocher miteinander verbinden. Zwei kleine Fangzähne formen und vorn an den Kopf mit wenig Wasser kleben. **(2)**

9¾

Für die Beine den schwarzen Fondant zu einer langen Kordel formen und acht Beine davon abschneiden. Mit etwas Wasser 4 pro Seite ankleben und lebendig formen. **(3)**

9 ¾

Für die Zahlen eine Folie über die Zahlenvorlage legen und mit Zuckerdekorcreme nachfahren und für 4 Stunden trocknen lassen. **(4)**

SCHNATZ

Den gelben Fondant 5 mm dick ausrollen und mit etwas Wasser auf die Styroporkugel (Ø 3 cm) kleben. Den Fondant vorsichtig andrücken und Reste abschneiden. In den Handflächen rollen, bis die Oberfläche komplett glatt ist. **(5)**

Den restlichen Fondant 5 mm dick ausrollen und Flügel mit einem Messerwerkzeug ausschneiden. **(6)** Feine Linien markieren. Den Draht länger als die Flügel schneiden und leicht in Form biegen. Mit etwas Kleber auf Flügelrückseiten kleben. Trocknen lassen. **(7)** Dann mit etwas Zuckerdekorcreme in den Schnatzkörper stecken und trocknen lassen. Mit Lebensmittelspray golden ansprühen.

NIMBUS

Siehe Anleitung auf Seite 80.

BUCHSTABE

Den gelben Fondant 5 mm dick ausrollen und mithilfe der Schablone den Buchstaben ausschneiden. **(8)** Trocknen lassen und mit Lebensmittelspray goldfarben ansprühen. Dann aufkleben.

TORTENRAND

Den burgunderfarbenen und gelben Fondant ausrollen und in 2 cm breite Streifen schneiden. Diese in die Länge der Höhe der Torte schneiden.

Um den Buchstaben zu befestigen, einen ca. 8 cm breiten Streifen aus burgunderfarbenen Fondant schneiden, hierauf wird der Buchstabe geklebt.

Siehe Anleitung auf Seite 86 (Schlangen-Torte)

MAUER

Den braunen und den burgunderfarbenen Fondant miteinander verkneten und 5 mm dick ausrollen.

Die Strukturmatte mit der Mauerstruktur auf den Fondant legen, mit einem Rollstab darüberrollen und prägen. **(9)** Vorsichtig lösen und ein um die Torte passendes Stück ausschneiden. Es sollte etwas breiter als die Hälfte der Höhe der Torte sein.

FERTIGSTELLUNG

Die Mauer mit Wasser auf den Rand der unteren Ebene kleben und die gelben und roten Streifen im Wechsel um die obere Ebene kleben. Der große Streifen mit dem Buchstaben markiert dabei die Frontseite.

Die Spinne mithilfe eines Zahnstochers am Tortenrand platzieren und Besen, Kessel und Schnatz vor dem Servieren ebenfalls auf der Torte dekorieren. Evtl. Zahnstocher oder Schaschlikspieße zu Hilfe nehmen.

1

2

3

4
9¾

5

6

7

8

9

Für 1 Torte
(Ø 20 cm)

Kerzen

TORTE

Dekoration:
45 Min.

Torte:
2 Std.

ZUTATEN

1 Rezept Zimt-Biskuit (Ø 20 cm)

½ Rezept weiße Schokoladen-Buttercreme

½ Rezepte Ganache

300 g Fondant in Weiß

150 g Deco-Melts in Weiß

1 Stück Reispapier

Lebensmittelfarbe in Gelb und rot

AUSSERDEM

Kreis-Ausstecher Ø 10 cm

ZUBEREITUNG

Für die Torte den Biskuit, Buttercreme und Ganache nach den Grundrezepten backen und vorbereiten.

Den Biskuit einmal waagerecht durchschneiden. Mit Kreisausstecher zwei Kreise pro Boden ausstechen. Restlichen Biskuit naschen oder für Cake Pops aufbewahren.

Nun aus den vier Böden eine Torte wie auf S. 14 herstellen. Den weißen Fondant weich kneten und die Torte damit eindecken.

Die Deco-Melts in einer Schüssel über einem heißen Wasserbad schmelzen. Diese oben auf die Torte gießen und am Rand etwas runterlaufen lassen.

Für die Flamme jeweils eine kleine Schüssel mit heißem Wasser füllen und je mit wenigen Tropfen Lebensmittelfarbe rot und gelb färben. Aus dem Reispapier zwei Rechtecke ausschneiden, wobei eins etwas größer ist. Das größere in das Rot tauchen und das kleinere ins Gelb. **(1)** Dabei einen Fingerbreit am Rand aussparen. Nun das gelbe Rechteck auf das rote legen und mit den Fingern etwas knautschen, sodass es eine unregelmäßige Flammenform bekommt. **(2)** Den unteren Teil abschneiden und mit etwas Deco-Melt auf der Torte festkleben.

Für 1 Torte
(Ø 20 cm)

Luna

TORTE

Dekoration:
2 Std.

Ruhezeit:
1 Woche

Torte:
2 Std.

ZUTATEN

FÜR DIE TORTE

1 Rezept Butter-Vanille-Biskuit (Ø 20 cm)

1 Rezept weiße Schokoladen-Buttercreme

1 Rezept Ganache

5 TL Sirup

500 g Fondant in Weiß

FÜR DIE DEKORATION

BLUMEN

100 g Fondant in Türkis (Mystic Turquoise)

20 g Fondant in Gelb

BRILLEN

250 g Fondant in Coral

1 Blatt Reispapier

Lebensmittelfarbe in Blau und Lila

MOND

100 g Fondant in Gelb

Lebensmittelspray in Gold

AUSSERDEM

Maisstärke, Zuckerkleber, Pinsel,
Kreis-Ausstecher mit Ø 7 + 9 cm,
Rollstab mit Distanzringen,
Blumen-Ausstecher, Skalpell, Wasser,
weißer Blumendraht (18 Gaug),
Tortenplatte (Ø 22 cm),
Kessel, Zuckerdekorcreme, Schablonen

ZUBEREITUNG

Mit der Herstellung der Dekoration 1 Woche im Voraus beginnen.

Am Tag vor der Fertigstellung den Biskuit, die Buttercreme, Sirup und Ganache nach den Grundrezepten herstellen.

Die Torte zusammen setzten (s. S. 13) und fondanttauglich machen. Auf die Tortenplatte setzen und kühl stellen.

Den weißen Fondant weich kneten und auf einer bemehlten Arbeitsfläche 3–5 mm dick ausrollen. Dann die Torte damit eindecken. Die Fondant-Reste abschneiden und luftdicht verpacken. Den Rand mit den Blumen dekorieren. Dann die Brille und der Mond auf der Torte platzieren und servieren.

BLUMEN

Für die Blumen den türkisen Fondant 3 mm dick ausrollen. Mit dem Mini-Blumen-Ausstecher genug Blumen ausstechen (ca. 100 Stück), um die Torte rundherum dekorieren zu können. **(1)**

Aus dem gelben Fondant winzige kleine Kugeln formen und mit etwas Wasser in die Mitte der Blumen kleben. **(2)**

BRILLE

Für die Brille den pinken Fondant 5 mm dick ausrollen. Die Brillenteile mithilfe der Schablone ausschneiden. Die Brillengläser ausschneiden und alles für 1 Woche trocknen lassen. **(3)**

Die Brillenteile mit Zuckerdekorcreme zusammenkleben und für 1 Tag trocknen lassen.

In zwei kleinen Schüsseln heißes Wasser mit Lebensmittelfarbe in blau und lila färben. Zwei Reispapierblätter jeweils für weniger Minuten hineingeben. Das Papier wird weich und klebrig, daher einen Tag auf Folie trocknen lassen. **(4)**

Das bunte Papier vorsichtig etwas größer als die Brillenlöcher schneiden und mit Zuckerdekorcreme als Brillengläser von hinten aufkleben.

MOND

Für den Mond den gelben Fondant 7 mm dick ausrollen und einen Kreis von Ø 9 cm ausstechen. Mit einem Ø 7 cm-Kreis-Ausstecher einen Teil abstechen und eine Woche trocknen lassen. **(5)**

Etwas Zuckerdekorcreme auf die Rückseite spritzen und ein Stück weißen Draht daraufkleben. Nochmals für einen Tag trocknen lassen. **(6)** Dann den Mond mit goldfarbenem Lebensmittelspray besprühen.

1

2

3

4

5

6

Für 1 Torte
mit 2 Etagen
(Ø 20 +16 cm)

Always

TORTE

Dekoration:
45 Min.

Ruhezeit:
1 Woche

Torten:
4 Std.

ZUTATEN

FÜR DIE UNTERE EBENE (Ø 20 CM)

500 g Fondant in Weiß

1 Rezept Zitronen-Biskuit
(2x Ø 20 cm Springform)

1 Rezept Vanille-Buttercreme

1 Rezept Heidelbeerfüllung

1 Rezept Ganache

5 TL Sirup

FÜR DIE OBERE EBENE (Ø 16 CM)

400 g Fondant in Weiß

1 Rezept Schokoladen-Biskuit
(3x Ø 16 cm Springform)

½ Rezept Vanille-Buttercreme

½ Rezept Himbeerfüllung

½ Rezept Ganache

5 TL Sirup

FÜR DIE DEKORATION

450 g Fondant in Gelb (Mellow Yellow)

Lebensmittelfarbspray in Gold

Lebensmittelfarbpuder in Gold

Rejuvenator-Spirit- Flüssigkeit
(Lebensmittel-Alkohol)

Hirsch-Spielfigur

Deco-Melts in Gelb

AUSSERDEM

Kreis-Ausstecher mit Ø 3 + 3,5 cm

Bordüren-Silikonform

2x Pinsel

Tortenunterlage (Ø 16 cm)

Tortenplatte (Ø 22 cm)

5x Tortendübel

Fondant-Modellierwerkzeug

Ausrollstab

ALWAYS

ZUBEREITUNG

Mit der Herstellung der Dekoration 1 Woche im Voraus beginnen.

Am Tag vor die Fertigstellung den Biskuit, die Buttercreme, Füllungen und Ganache nach den Grundrezepten vorbereiten.

Am Tag der Fertigstellung die beiden Torten zusammenstellen und fondanttauglich machen (s. S. 13). Den weißen Fondant weich kneten und auf einer bemehlten Arbeitsfläche 3–5 mm dick ausrollen. Dann die Torte damit eindecken und den Überstand mit einem Messer sauber abschneiden.

Die Tortendübel auf die Höhe der unteren Ebene zuschneiden und in die Torte stecken. Die obere Ebene auf die untere platzieren.

HEILIGTÜMER

Den gelben Fondant 5 mm dick ausrollen und ein 8,5 cm hohes und 7 cm breites Dreieck ausschneiden. Aus dem Dreieck ein kleineres Dreieck ausschneiden, sodass ein Dreieck mit 5 mm breitem Rand entsteht.

Ebenfalls aus gelbem Fondant einen Kreis mit Ø 3 cm ausstechen, dann mit einem kleineren Kreis-Ausstecher die Mitte ausstechen und einen 5 mm breiten und 8,5 cm langen Streifen schneiden, dann alle drei Zeichen für 1 Tag trocken lassen. **(1)**

Alle drei Teile mit Zuckerdekorcreme zusammenkleben, wenigstens 4 Stunden trocken lassen und mit goldene Lebensmittelfarbe besprühen.

BORDÜRE

Den gelben Fondant in die Bordüren-Silikonform drücken und prägen. Den Fondant vorsichtig aus der Form lösen, dabei darauf achten, dass er nicht einreißt. Die Reste mit ein Messerwerkzeug abschneiden. **(2)**

HIRSCH

Den Hirsch mit goldenem Lebensmittelspray besprühen.

ZAUBERSTÄBE

Für die Zauberstäbe einen 11 cm langen Stab aus Fondant formen, dabei eine Spitze etwas dicker lassen. Hier mit dem Messerwerkzeug die Spitze kreuzweise tief einschneiden. Dann etwa 5 mm von der Spitze einmal rundherum leicht einritzen. **(3)**

Einen 3 cm langen, dünneren Stab formen und mithilfe eines Zahnstochers an die dicke Spitze stecken. Einen weiteren 5 cm langen, etwas dickeren kegelförmigen Stab formen und mit dem Messerwerkzeug die dünnere Spitze halbieren und nach unten hin zart markieren. Mit dem dickeren Ende auf den Zahnstocher stechen. **(4)**

Etwas Fondant 3 mm dick ausrollen und einen 7 mm breiten Streifen schneiden. Diesen mit Wasser auf den oberen mittleren Teil des Zauberstabs kleben. Mindestens 4 Tage trocknen lassen. **(5)**

Für den Stab mit Borsten-Optik einen 13 cm langen Stab aus Fondant formen. Für das Kopfstück ein 5 cm langes, etwas dickeres Fondontstück formen und mit dem Messerwerkzeug eine Borstenoptik einarbeiten. Dieses mit einem Zahnstocher am Handstück verbinden. Ebenfalls 4 Tage trocknen lassen. Beide Zauberstäbe mit goldener Lebensmittelfarbe besprühen.

ALWAYS

Die Always-Schablone unter eine Folie legen und die Buchstaben mit geschmolzenen Deco-Melts nachfahren. Trocknen lassen und mit goldener Lebensmittelfarbe besprühen.

FERTIGSTELLUNG

Die Bordüren mit wenig Wasser um die unteren Ränder der Torten kleben und mit goldenem Lebensmittelpuder bemalen.

Die Buchstaben mit Kleber auf die obere Torte kleben. Den Hirsch, das Dreieck, die Zauberstäbe vor und neben der Torte platzieren und servieren.

Sprechender Hut

Dekoration:
2 Std.

Torte:
2 Std.

Für 1 Torte
(Ø 16 cm)

TORTE

ZUTATEN

FÜR DIE TORTE

1 Rezept Schokoladen-Biskuit (Ø 16 cm)

1 Rezept Schokoladen-Buttercreme

1 Rezept Salzkaramell-Sauce

1 Rezept Ganache

5 TL Sirup

FÜR DEN HUT

50 g Butter

100 g Marshmallows

150 g Reis-Crisps

Crisco oder anderes Pflanzenfett oder Ganache zum Einstreichen

1000 g Schokoladen-Fondant

schwarzes Lebensmittelpuder

ZUBEREITUNG

Am Tag vor der Fertigstellung den Biskuit, die Buttercreme, Sauce, Sirup und Ganache nach den Grundrezepten herstellen.

Die Torte zusammenstellen, fondanttauglich machen und auf einem Cake Board platzieren.

Den Schokoladen-Fondant 7 mm dick ausrollen und einen Kreis mit Ø 26 cm ausschneiden. Auf einer Tortenplatte platzieren, Falten in die Krempe machen und diese mit Wattepads abstützen. Trocknen lassen.

Für den Hut die Butter bei niedriger Hitze in einem großen Topf schmelzen lassen. Die Marshmallows dazugeben und ebenfalls schmelzen lassen. Die Masse kurz abkühlen lassen.

Inzwischen eine große Schüssel mit wenig Fett einfetten. Die Marshmallow-Masse mit den Reis-Crisps in die Schüssel geben und mit der Hand verkneten. Die Crisp-Masse kegelförmig formen und abkühlen lassen. Unten sollte der Kegelfuß etwa 14 cm groß sein.

Etwas Schokoladen-Fondant weich kneten und auf dem Crisp-Kegel den Gesichtsausdruck formen und mit etwas Wasser festkleben. Dann die Dübel in die Torte stecken und den Crisp-Kegel auf der Torte platzieren. Beides dünn mit Crisco oder Ganache einstreichen.

Den restlichen Schokoladen-Fondant 5 mm dick ausrollen und Kegel und Torte damit eindecken. Am besten dazu den Fondant von vorne nach hinten auflegen. Knautschfalten sind hierbei nicht schlimm.

Mit den Fingern die Falten und das Gesicht nachziehen und so leicht andrücken. Mit dem Messerwerkzeug an einer Gesichtsseite mit kleinen Schnitten einen Abwetz-Effekt markieren.

Dann Torte und Krempe mit Zuckerdekorcreme aufeinanderkleben. Mit schwarzem Lebensmittelpuder Augen und Schatten in die Aushöhlungen und Falten malen.

Für 1 Torte
(Ø 20 cm)

Uniform

TORTE

Dekoration:
3–4 Std.

Ruhezeit:
1 Woche

Torte:
2 Std.

ZUTATEN

FÜR DIE TORTE

1 Rezept Zimt-Biskuit (Ø 20 cm)

1 Rezept Vanille-Buttercreme

1 Rezept Salzkaramell-Sauce

1 Rezept Ganache

5 TL Sirup

500 g Fondant in Weiß

100 g Fondant in Burgund (Ruby Red)

FÜR DIE DEKORATION

NIMBUS

100 g Fondant in Hellbraun (Teddy-Bear-Braun)

100 g Schokoladen-Fondant

50 g Fondant in Gelb

Lebensmittelpuder in Gold

BRILLE

150 g Fondant in Schwarz

HUT

500 g Schokoladen-Fondant

Lebensmittelpuder in Schwarz

UNIFORM

250 g Fondant in Grau (Stone Grey)

100 g Fondant in Gelb (Yellow Mellow)

100 g Fondant in Burgund (Ruby Red)

AUSSERDEM

Kreis-Ausstecher mit Ø 4 cm + Ø 5 cm

1 Styropor-Kegel (18 x Ø 6 cm)

Schablonen

ZUBEREITUNG

Mit der Herstellung der Dekoration 1 Woche im Voraus beginnen. Nur die Uniform wird am Tag der Fertigstellung hergestellt.

Am Tag vor der Fertigstellung Biskuit, Buttercreme, Sirup und Ganache nach den Grundrezepten herstellen.

Die Torte zusammenstellen und fondanttauglich machen. Kühl stellen.

NIMBUS

Den Besenstiel aus braunem Fondant formen und trocknen lassen. Den Borstenkopf aus Schokoladen-Fondant formen und mit dem Messerwerkzeug eine Borstentextur einritzen. Den Borstenkopf und den Besenstiel mit einem Zahnstocher verbinden. **(1)**

Aus gelbem Fondant drei dünne Schnüre formen und auf den Hals des Borstenkopfs kleben. Mit goldener Lebensmittelfarbe bemalen. **(2)**

BRILLE

Für die Brille schwarzen Fondant 7 mm dick ausrollen. Zuerst zwei Kreise mit Ø 5 cm ausstechen und aus deren Mitte einen Kreis mit Ø 4 cm ausstechen.

Zwei Streifen für die Brillenbügel ausschneiden, diese jeweils an einem Ende

leicht biegen. Dann ein 2 cm langes Nasenstück ausschneiden. Alles trocknen lassen. Mit schwarzer Zuckerdekorcreme alle Teile zu einer Brille zusammenkleben. **(3)**

SPRECHENDER HUT

Den Schokoladen-Fondant weich kneten. Für die Gesichtsstruktur aus Fondant Stränge formen und die Gesichtszüge auf einen Styropor-Kegel (optional einem Rice-Crisp-Körper) mit etwas Wasser kleben. **(4)**

Den Fondant 5 mm dick ausrollen und über den Kegel legen. Mit den Fingern vorsichtig die Falten nachfahren und -formen. **(5)** Überstand abschneiden.

Mit dem Messerwerkzeug an der linken Hutseite kleine Schnitte für den Gebraucht-Effekt einritzen. **(6)**

Den Hut mit schwarzem Lebensmittelpuder bestäuben, dabei Schatten in Falten und Augen einarbeiten. **(7)**

Die Hutkrempe aus Schokoladen-Fondant 5 mm dick ausrollen und einen Kreis mit Ø 16 cm schneiden. Mit Wattepads eine Falte an der rechten Seite machen und trocknen lassen. Mit schwarzem Lebensmittelpuder bestäuben. **(8)**

Hut mit etwas Zuckerdekorcreme auf die Krempe kleben.

UNIFORM

Den grauen Fondant 3 mm dick ausrollen und einen Pullover nach Schablone ausschneiden. Für den Pulloverkragen dünne Streifen Fondant ausschneiden und mit Kleber am Rand des Pullovers aufkleben. **(9)**

KRAWATTE

Den burgunderfarbenen und gelben Fondant 3 mm dick ausrollen, in Streifen schneiden. Abwechselnd nebeneinander platzieren und einen Knoten und einen Schlips ausschneiden. Mit etwas Wasser zusammenkleben. **(10)**

FERTIGSTELLUNG

Die Torte mit weißem Fondant eindecken. Den Pullover und die Krawatte mit Wasser ankleben. Aus weißem Fondant zwei Dreiecke als Hemdkragen ausschneiden und aufkleben.

Schwarzen und burgunderfarbenen Fondant 5 mm dick ausrollen, rechteckige Streifen schneiden und als Umhang an den Rand des Pullovers kleben.

Nimbus, Hut und Brille vorm Servieren platzieren.

1

2

3

4

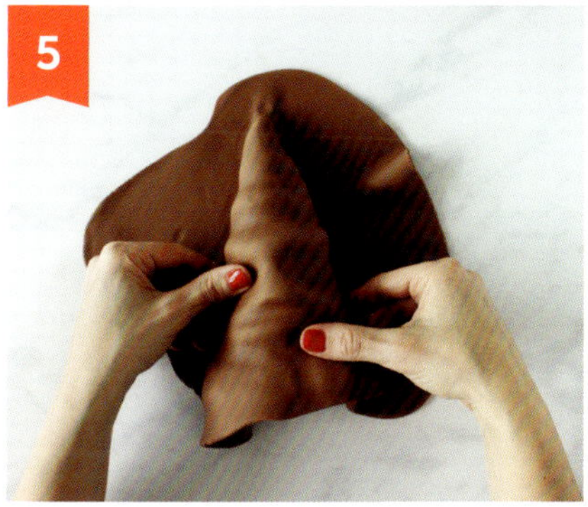
5

6

7

8

9

10

Für 1 Torte
(Ø 16 cm)

Schlangen

TORTE

Dekoration:
3 Std.

Ruhezeit:
1 Tag

Backzeit:
2 Std.

ZUTATEN

FÜR DIE TORTE

1 Rezept Butter-Vanille-Biskuit (Ø 16 cm)

½ Rezept Schoko-Karamell-Creme

½ Rezept Ganache

5 TL Sirup

500 g Fondant in Weiß

100 g Fondant in Grau (Stone Grey)

100 g Fondant in Grün (Forest Green)

40 g Fondant in Gelb (Yellow Mellow)

FÜR DIE DEKORATION

SCHLANGE

500 g Fondant in Grün (Forest Green)

10 g Fondant in Gelb (Yellow Mellow)

5 g Fondant in Schwarz

WAPPEN

50 g Fondant in Grün (Forest Green)

10 g Fondant in Gelb (Yellow Mellow)

Zuckerdekorcreme

Lebensmittelfarbpuder in Gold

Rejuvenator-Spirit-Flüssigkeit (Lebensmittel-Alkohol)

essbare Lebensmittelspray in Gold

AUSSERDEM

Maisstärke, Zuckerkleber, Pinsel, Kreis-Ausstecher, Rollstab mit Distanzringen, Tortenplatte (Ø 18 cm), Fondant-Modellierwerkzeug, Ausrollstab

ZUBEREITUNG

Mit der Herstellung der Dekoration 1 Tag im Voraus beginnen.

Am Tag vor der Fertigstellung den Biskuit, die Buttercreme, Sirup und Ganache nach den Grundrezepten herstellen.

Den Boden auf eine Tortenplatte setzen, zweimal waagerecht halbieren und die Torte zusammenstellen und fondanttauglich machen. Die Torte bis zur Fertigstellung am nächsten Tag kühl stellen.

SCHLANGE

Für die Schlange ein Oval aus grünem Fondant formen und mit dem Ballwerkzeug die Augenhöhlen hineindrücken. Zwischen den Augen zart mit dem Finger eine längliche Delle für die Augenbrauen eindrücken. **(1)**

Für die Augen zwei ovale Kugeln aus gelbem Fondant formen und in die Augenhöhlen kleben. Zwei kleine längliche Linsen aus schwarzem Fondant formen und auf die Augen kleben. Zwei Hörnchen aus grünem Fondant formen und als Brauen am oberen Rand der Augen festkleben. **(2)**

Den Mund mit dem Messerwerkzeug von rechts nach links zart eindrücken. Auf der Vorderseite mit dem Messerwerkzeug ein dreieckiges Loch eindrücken. Darüber die Nasenlöcher mit zwei Punkten markieren. Um die Löcher Nasenfalten mit dem Messerwerkzeug eindrücken. **(3)** Mit dem Halbmondwerkzeug die Schlangenschuppen auf dem Kopf einarbeiten.

Der Schlangenkörper besteht aus drei Teilen: dem oberen Hals vom Kopf nach unten (ca. 15 cm), dem Tortenrand (ca. 52 cm) und der Spitze (13 cm). Diese jeweils aus grünem Fondant gleichmäßig dick rollen und mit dem Halbmondwerkzeug die Schuppen einprägen. **(4)** Den Schwanz nach hinten dünner werden lassen und nach Belieben biegen.

WAPPEN

Für den Wimpel grünen Fondant 5 mm dick ausrollen und ein fünfeckiges Wappen ausschneiden. **(5)** Mit der Fondantpresse eine gelbe Kordel auspressen und rund um das Wappen mit wenig Wasser kleben. Dann goldfarben anmalen

Die Beschriftung unter einer Folie platzieren und mit Zuckerdekorcreme nachfahren. Für mindestens 4 Stunden trocknen lassen. Dann den Buchstaben golden ansprühen.

Den Buchstaben mit Zuckerdekorcreme auf das Wappen kleben. **(6)** Dann den Draht hinten mit Zuckerdekorcreme befestigen. Mindestens 1 Tag trocknen lassen.

FERTIGSTELLUNG

Den weißen Fondant weich kneten und auf einer bemehlten Arbeitsfläche 3–5 mm dick ausrollen. Dann die Torte damit eindecken. Für den Tortenrand den grünen, grauen und weißen Fondant weich kneten, ausrollen und in 2 cm breite Streifen schneiden. **(7)** Diese auf drei Viertel der Tortenhöhe anpassen und im Wechsel rund um die Torte aufkleben. Mit der Fondantpresse eine gelbe Kordel auspressen, oberhalb der Streifen um die Torte kleben und mit goldener Lebensmittelfarbe anmalen.

Dann das Wappen, den Kopf und den Körper der Schlange auf und um den Rand der Torte platzieren.

1

2

3

4

5

6

7

Harry
TORTE

Für 1 Torte
(Ø 20 cm)

Dekoration:
1 ½ Std.

Ruhezeit:
1 Woche

Torte:
2 Std.

ZUTATEN

FÜR DIE TORTE

1 Rezept Zitronen-Biskuit (Ø 20 cm)

1 Rezept Vanille-Buttercreme

1 Rezept Himbeerfüllung

500 g Fondant in Elfenbein (Elegant Yvory)

FÜR DIE DEKORATION

BRILLE

250 g Fondant in Schwarz

Zuckerdekorcreme

HAARE

500 g Fondant in Braun (Maroon Brown)

AUGEN

110 g Fondant in Weiß

50 g Fondant in Schwarz

NASE

Fondant in Elfenbein (Elegant Yvory)

SCHAL

500 g Fondant in Burgund (Ruby Red)

100 g Fondant in Gelb (Mellow Yellow)

ZUBEREITUNG

Mit der Herstellung der Brille 1 Woche im Voraus beginnen, den Rest 1 Tag vor der Fertigstellung.

Am Tag vor der Fertigstellung den Biskuit, die Buttercreme und Ganache nach den Grundrezepten herstellen. Die Torte zusammenstellen und fondanttauglich machen, dann bis zur Fertigstellung kühl stellen.

BRILLE

Für die Brille den schwarzen Fondant 7 mm dick ausrollen und mit einem Kreis-Ausstecher (7 cm Ø) zwei Kreise ausstechen. Mit einem etwas kleineren Ausstecher die Brillenränder ausstechen. Für das Gestell drei kleine Streifen ausschneiden. Alle Teile 1 Woche trocknen lassen. **(1)**

HAARE

Den Schokoladen-Fondant 5 mm dick ausrollen und die Haare mit dem Messerwerkzeug ausschneiden. Sie sollen über die gesamte Breite der Torte gehen. Fransen einritzen. **(2)**

AUGEN

Für die Augen weißen Fondant 3 mm dick ausrollen und zwei Kreise ausstechen. Schwarzen Fondant 3 mm dick ausrollen und zwei kleinere Kreise ausstechen. Die schwarzen Kreise mit etwas Wasser auf die weißen kleben und mit zwei winzigen weißen Kugeln als Lichtpunkte toppen. **(3)**

MUND

Für den Mund rosa Fondant 3 mm dick ausrollen und einen kleinen Kreis ausstechen. Diesen in der Mitte teilen.

GESICHT + NASE

Die Torte mit dem eflenbeifarbenen Fondant einkleiden. Die Nase aus etwas Fondant formen und unterhalb zwischen die Augen kleben.

SCHAL

Für den Schal einen Streifen aus burgunderfarbenem Fondant 3 mm dick ausrollen. Dieser sollte ca. 65 cm lang und 7 cm breit sein. Den Streifen um die Torte herumkleben.

Den gelben Fondant 3 mm dick ausrollen. Dann 5 mm breite und 7 cm lange Streifen schneiden und in gleichen Abständen mit wenig Wasser auf dem Schal aufkleben.

FERTIGSTELLUNG

Zum Fertigstellen Haare, Nase, Augen, Mund und die Brille auf der Torte arrangieren und festkleben. Dann mit dem Schal den Rand der Torte dekorieren.

1

2

3

Für 1 Torte

Number CAKE

Zubereitung: 1 ½ Std.

Backzeit: 15 Min.

ZUTATEN

FÜR 3 BÖDEN

300 g Mehl (Type 405)

75 g Mandelmehl

130 g feiner Zucker

200 g Butter (Raumtemperatur)

1 Ei (Größe L, Raumtemperatur)

ZUBEREITUNG

Der Teig kann bereits 1 Tag vor der Fertigstellung vorbereitet werden. Die Dekoration kann je nach Belieben gestaltet, erweitert oder weggelassen werden. Für die Füllung eignet sich am besten Buttercreme.

Den Backofen auf 170 °C (Umluft) vorheizen. Mehl und Mandelmehl in eine Schüssel sieben. Die Butter mit Zucker cremig aufschlagen, bis sie luftig und hell geworden ist. Das Ei unterrühren. Die Mehlmischung nach und nach dazugeben und unterrühren. Den Teig auf ein mit Backpapier ausgelegtes Backblech geben und mindestens 5 mm dick ausrollen. Dann drei identische Zahlen schneiden (am besten Schablonen benutzen). Für 12–15 Minuten (Mitte) backen, bis die Rändern leicht gebräunt sind. Komplett auskühlen lassen.

DEKORATION

Für die Dekoration die einzelnen Elemente herstellen und trocknen lassen. Den fertigen Kuchen damit dekorieren und evtl. mit etwas Zuckerdekorcreme festkleben.

MAUER

Für die Mauer 100 g terrakottafarbenden Fondant 3 mm dick ausrollen. Eine Strukturmatte mit Mauermuster auf den Fondant legen und mit einem Rollstab prägen. Vorsichtig lösen und mithilfe der Schablone die Zahl ausschneiden. Mit Zuckerdekorcreme auf dem oberen Boden kleben.

BRILLE

50 g schwarzen Fondant 3 mm dick ausrollen, zwei 3 cm große Kreise ausstechen und einen 5 mm langen Brillensteg ausschneiden. Mit einem kleineren Kreis-Ausstecher die Mitte beider Kreise ausstechen und die Brillenteile zusammenkleben. Trocknen lassen.

SCHNATZ

Für den Schnatz 30 g gelben Fondant 7 mm dick ausrollen, einen 3 cm Kreis ausstechen. Mit dem Ausstecher zarte Halbkreise eindrücken und mit dem Messerwerkzeug leicht schraffieren. Zwei kleine Kugeln und eine dünne Kordel aus gelbem Fondant formen und mit goldener Lebensmittelfarbe bemalen.

Elfenbeinfarbenen Fondant 2 mm dick ausrollen, mit dem Messerwerkzeug die Flügel ausschneiden und zarte Linien markieren. Zwei Zahnstocher von hinten unter die kleinen Kugeln stechen und darauf die Flügel mit wenig Wasser befestigen. Trocknen lassen. Wenn die Flügel trocken sind, mit wenig Lebensmittelfarbe braun bestäuben.

BLITZ

Für den Blitz gelben Fondant 3 mm dick ausrollen, mit dem Messerwerkzeug einen Blitz ausschneiden, 1 Stunde trocknen lassen. Mit goldener Lebensmittelfarbe bemalen.

BRIEF

Für den Brief elfenbeinfarbenen Fondant 3 mm dick ausrollen und ein Rechteck ausschneiden. Mit dem Messerwerkzeug die Faltlinien zart eindrücken. Eine kleine Kugel aus dunkelrotem Fondant formen und in die Mitte des Briefes kleben. Trocknen lassen.

9 ¾

Die Beschriftungs-Vorlage unter eine Folie legen und mit Zuckerdekorcreme nachfahren. Trocknen lassen.

9 3/4

Für 1 Torte
mit 2 Etagen
(Ø 20 +16 cm)

Patronum

TORTE

Dekoration:
45 Min.

Ruhezeit:
1 Tag

Torten:
4 Std.

ZUTATEN

FÜR DIE UNTERE EBENE (Ø 20 CM)

1 Rezept Vanille-Biskuit

1 Rezept Vanille-Buttercreme

1 Rezept Heidelbeerfüllung

FÜR DIE OBERE EBENE (Ø 16 CM)

1 Rezept Vanille-Biskuit

½ Rezept Vanille-Buttercreme

½ Rezept Heidelbeerfüllung

FÜR DIE DEKORATION

Lustre Spray Sky Blue

400 g Fondant in Hellblau (Baby Blue)

Silikonform für Bordüren

Hirsch und Hirschkuh
(Spielzeug-Figuren)

ZUBEREITUNG

Mit der Herstellung der Dekoration 1 Tag im Voraus beginnen.

Zur Fertigstellung die Tortendübel auf die Höhe der unteren Ebene zuschneiden und in die Torte stecken. Die zweite Ebene auf der unteren Ebene platzieren. Die Bordüre mit wenig Wasser an den unteren Tortenrand kleben und die Hirsche als Paar vor dem Servieren obenauf platzieren.

Am Tag der Fertigstellung den Biskuit, die Buttercreme, Füllung, Sirup und Ganache nach den Grundrezepten herstellen.

Am Tag der Fertigstellung die Torten zusammenstellen, fondanttauglich machen und beide Torten mit weißem Fondant eindecken.

DEKORATION

Für die Bordüre den hellblauen Fondant weich kneten und mindestens 7 mm dick ausrollen. Den Fondant in die Silikonform drücken, sodass er richtig geprägt wird. Dann vorsichtig aus der Form lösen und darauf achten, dass er nicht einreißt. **(1)** Mit dem Messerwerkzeug die Ränder nachformen, abrunden und ein wenig an die Rundung der Torte anpassen. Mit dem Lebensmittelspray blau ansprühen und trocknen lassen.

Die Spielfiguren mit dem Lebensmittel-Farbspray blau ansprühen und ebenfalls trocknen lassen.

TIPP

Am besten Einmalhandschuhe zum Einsprühen der Elemente anziehen. Da die Farbe wasserlöslich ist, können die Hirsch-Figuren abgewaschen und wiederverwendet werden.

Buch der Sprüche

Dekoration:
1 Std.

Torte:
2 Std.

TORTE

Für 1 Torte
(28 x 12 cm)

ZUTATEN

FÜR DIE TORTE

1 Rezept Butter-Vanille-Biskuit (20 x 20 cm)

1 Rezept Schokoladen-Buttercreme

1 Rezept Sirup

1 Rezept Ganache

FÜR DIE DEKORATION

250 g Fondant in Elfenbein

800 g Schokoladen-Fondant

100 g Deco-Melts in Gelb

Lebensmittelfarbpulver in Bronze (Golden Ginger)

Rejuvenator-Spirit-Flüssigkeit (Lebensmittel-Alkohol)

Spritzbeutel mit dünner Tülle (Nr. 2)

ZUBEREITUNG

BISKUIT SCHNEIDEN

Den Biskuit an einer Seite auf 12 cm kürzen, den abgetrennten Biskuit quer oberhalb platzieren und auf 12 cm kürzen. Dann die Torte wie beschrieben füllen und mit Ganache einstreichen.

BUCHSEITEN

Für die Buchseiten den Fondant (Elfenbein) 5 mm dick und 50 cm lang ausrollen, und einen Streifen, der so breit wie die Höhe der Torte ist, ausschneiden. Mit dem Messerwerkzeug die Seiten einritzen. Um den Seiteneffekt zu verstärken, mit Lebensmittelpuder bestäuben. Seiten an den Tortenrand kleben.

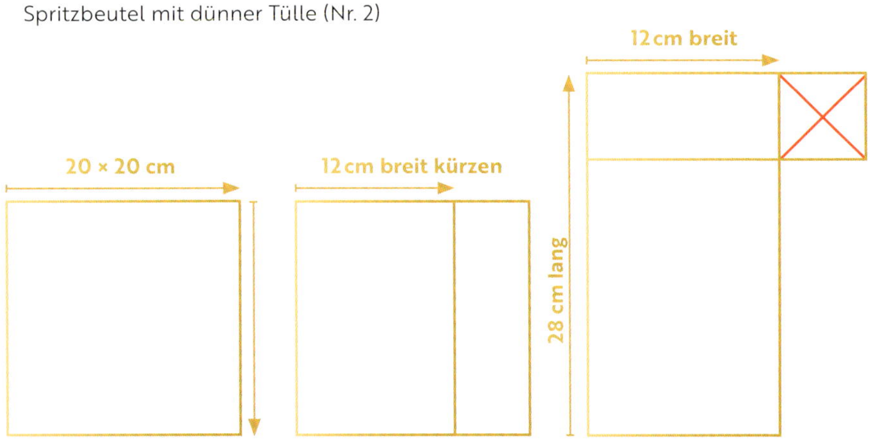

BUCHUMSCHLAG

Für den Buchdeckel den Schokoladen-Fondant 5 mm dick ausrollen und zu einem ca. 30 x 30 cm großen Rechteck schneiden. Die Torte am schmaleren Rand quer daraufstellen, dabei etwa 1 cm Rand lassen. Dann den Fondant über die Torte schlagen.

Den restlichen Fondant dünn ausrollen und zwei Schutzecken ausschneiden. Diese mit etwas Wasser auf die Ecken des Buchdeckels kleben. Für den Metall-Effekt das Bronzepuder mit Alkohol vermischen und die Buchecken damit bepinseln.

SCHRIFT

Die Deco-Melts in einer Schüssel über einem Wasserbad schmelzen, kurz abkühlen lassen und in einen Spritzbeutel mit Tülle füllen. Auf einer Folie „Book of Spells" oder einen anderen Titel damit chreiben, trocknen lassen und auf die Torte kleben. Mit Farbpulver bestäuben.

OPTIONALE DEKO

Spinne: Seite 66
Zauberstab: Seite 76
Brille: Seite 82

BOOK OF SPELLS

Für 15 Cake-Pops

Nimbus

CAKE-POPS

Dekoration:
1 ½ Std.

Ruhezeit:
1 Tag

Backzeit:
1 Std.

ZUTATEN

FÜR DIE CAKE-POPS

1 Rezept Butter-Schokoladen-Biskuit (Ø 16 cm)

1 Rezept Vanille- oder Schokoladen-Buttercreme (Ø 16 cm)

FÜR DIE DEKORATION

350 g Fondant in Beige

15 Cake-Pop-Stiele (ca. 15 cm lang)

650 g Schokoladen-Fondant

Zuckerdekorcreme

50 g Fondant in Gelb

Lebensmittelpuder in Gold

ZUBEREITUNG

Am Tag vor der Zubereitung aus beigem Fondant die Besenstiele formen und trocknen lassen. Den Biskuit nach Rezept (S. 20) herstellen. Evtl. die Buttercreme vorbereiten.

Am Tag der Zubereitung den Biskuit zerbröseln. 50 g Buttercreme beiseitestellen, den Rest mit den Bröseln vermengen, bis ein homogener Teig entsteht.

Den Teig in 15 Teile teilen (etwa 75 g pro Stück). Die Teigmasse zu Kegeln formen und auf die Cake-Pop-Stiele stecken, Borstenförmig formen und für ca. 30 Minuten im Kühlschrank kühlen. **(1)**

Den Schokoladen-Fondant 3 mm dick ausrollen. Die Besen-Pops mit Buttercreme ganz dünn einstreichen und mit dem Fondant auskleiden. **(2)** Mit einem Messerwerkzeug eine Borsten-Textur einarbeiten.

Für die Stiele Zuckerdekorcreme auf die vorbereiteten Fondant-Stiele geben und auf die Cake-Pop-Stiele kleben. **(3)**

Aus gelbem Fondant dünne Kordeln rollen und mit etwas Wasser auf die Besenansätze kleben. Mit goldenem Puder bestäuben. **(4)**

Für 12 Pasteten

Süße Kürbis

PASTETEN

Zubereitung: 45 Min.

Kühlzeit: 40 Min.

Backzeit: 20 Min.

ZUTATEN

FÜR DIE FÜLLUNG

225 g Kürbispüree (1 kleiner Kürbis)
1 Ei (Größe L)
¼ TL gemahlener Ingwer
½ TL gemahlener Zimt
Salz
70 g brauner Zucker

FÜR DEN TEIG

180 g Mehl (Type 405)
Salz
85 g Butter
1 Ei (Größe M)
60 ml Vollmilch oder Wasser
1 Eigelb zum Bestreichen

AUSSERDEM

Kreis-Ausstecher (Ø10 cm)

ZUBEREITUNG

Für die Kürbisfüllung den Kürbis halbieren, die Kerne herausschaben, evtl. schälen und klein würfeln. Mit wenig Wasser in einem Topf 15 Minuten weich kochen. Abgießen, fein musen und auskühlen lassen.

Kürbispüree mit Ei, Ingwer, Zimt, ¼ TL Salz und Zucker vermengen und bis zur Verarbeitung in den Kühlschrank geben.

Den Ofen auf 190 °C (Ober-/Unterhitze) vorheizen.

Mehl, 1 Prise Salz, Butter und das Ei in eine Schüssel geben, mit der Küchenmaschine oder einem Handrührgerät vermengen. Nach und nach Milch oder Wasser hinzufügen, bis die Mischung bröselig ist. Dann mit den Händen weiterkneten, bis alle Zutaten gut verarbeitet sind und ein glatter Teig entstanden ist. Falls nötig, etwas mehr Wasser oder Milch hinzufügen.

Den Teig dünn ausrollen und zu Kreisen ausstechen. Im Kühlschrank 30 Minuten kühlen.

Die Kürbisfüllung in die Mitte der Teigkreise geben, die Ränder einer Seite mit wenig Wasser bestreichen und zu einem Halbkreis klappen, Rand gut festdrücken. Mit Eigelb bestreichen.

Im heißen Ofen für 20 Minuten goldbraun backen. Je kleiner die Pastetchen sind, desto weniger Zeit benötigen sie im Ofen.

FOOD JOURNAL

Für 12 Muffins

Alraunen MUFFINS

Dekoration: 2 Std.

Zubereitung: 30 Min.

Backzeit: 20 Min.

ZUTATEN

FÜR DIE MUFFINS

210 g Mehl (Type 405)
60 g Backkakao
1 ½ TL Backpulver
1 TL Natron
200 g Zucker
Salz
2 Eier (Größe L, Raumtemperatur)
2 TL Vanilleextrakt
120 ml Pflanzenöl
170 g saure Sahne (Raumtemperatur)
120 ml Vollmilch (Raumtemperatur)
170 g Schokoladentröpfchen

FÜR DIE DEKORATION

250 g Fondant in Grün
700 g Fondant in Braun
50 g Fondant in Weiß
50 g Fondant in Schwarz
Lebensmittelpuder in Dunkelbraun und Dunkelgrün

AUSSERDEM

Tontöpfe Ø 6 cm x 6 cm, Papierförmchen, Maisstärke, Zuckerkleber, Pinsel, Baumblätter-Ausstecher oder Schablone, Rollstab mit Distanzringen, Werkzeuge, Zahnstocher

ZUBEREITUNG

Den Backofen auf 210 °C (Umluft) vorheizen. Die Tontöpfe mit Papierförmchen auslegen.

Mehl, Kakao, Backpulver, Natron, Zucker und 1 Prise Salz in eine große Schüssel sieben. In einer separaten Schüssel die Eier, Vanille, Pflanzenöl, Sahne und Milch verquirlen. 50 g Schokoladendrops beiseitestellen.

Die feuchten Zutaten mit der Mehlmischung verrühren, bis alles ebenso vermengt ist. Die restlichen Schokoladendrops dazugeben und untermischen.

Mit dem Teig die Förmchen bis zum Rand füllen und mit Schokoladendrops bestreuen. Im heißen Ofen für 7 Minuten backen, dann die Hitze auf 180 °C reduzieren und 14 Minuten weiterbacken. Zum Ende der Backzeit eine Stäbchenprobe machen.

WICHTIG: Ofentür zwischendurch nicht aufmachen!

Für die Dekoration den grünen Fondant weich kneten und 5 mm dick ausrollen. Mit einem Blattausstecher Baumblätter ausstechen. Zahnstocher bis in die Spitze jedes Blatts einstecken und die Blätter mit Blattlinien versehen. **(1)**

Für den Alraunenkörper den braunen Fondant weichkneten und birnenförmig formen. Den Baumstamm am oberen Teil in der Mitte einschneiden und formen. **(2)** Mit dem Ballwerkzeug 2 runde Löcher für die Augen hineinmodellieren. Für die Baumstammstruktur mit dem Messerwerkzeug Rillen und Falten einschneiden.

Zwei Kugeln aus weißem Fondant in die Augenhöhlen kleben und zwei kleine Kugeln aus schwarzem Fondant als Pupillen auf die weißen Kugeln kleben. Zuletzt noch winzige weiße Fondant-Kugeln aufkleben. **(3)**

Zwei Hörnchen aus braunem Fondant formen und als Augenbrauen über die Augen kleben. Mit braunem Lebensmittelpuder die Baumstammstruktur nacharbeiten. **(4)**

Mit dunkelgrünem Lebensmittelpuder die Ränder der Baumblätter bestäuben. Blätter in die Baumstämme stecken und zusätzlich zusammenkleben. Trocknen lassen. Dann die Muffins damit verzieren.

1

2

3

4

Für 12 Cupcakes

Freunde

CUPCAKES

Zubereitung: 2 Std.

Ruhezeit: 1 Tag

Backzeit: 20 Min.

ZUTATEN

FÜR DIE CUPCAKES

1 Rezept Vanille-Cupcakes

1 Rezept weiße Schokoladen-Buttercreme

Lebensmittelfarbe in Blau

FÜR DIE DEKORATION

250 g Fondant in Weiß

200 g Fondant in Beige

100 g Fondant in Gelb

100 g Fondant in Schwarz

100 g Fondant in Dunkelrot (Burgundy)

250 g Fondant in Elfenbein

250 g Fondant in Braun

250 g Fondant in Weiß

100 g Fondant in Rosa

Zuckerdekorcreme in Schwarz

Bunter Zucker (nach Belieben)

AUSSERDEM

Kreis-Ausstecher (Ø 7 cm + Ø 5 cm)

ZUBEREITUNG

Mit der Herstellung der Dekoration am besten 1 Tag im Voraus beginnen.

Die Cupcakes nach dem Grundrezept backen und auskühlen lassen. Die Buttercreme zubereiten und mit der Lebensmittelfarbe blau färben. Creme in einen Spritzbeutel geben und von außen nach innen auf die Cupcakes spritzen. Kühl stellen.

EULE

Weißen Fondant weich kneten und 3–5 mm dick ausrollen. Mit einem Ausstecher (Ø 7 cm) Kreis ausstechen. Am besten auf einem halbrunden Ball platzieren.

Beigen Fondant weich kneten und 3–5 mm dick ausrollen und Kreis mit Ø 5 cm ausstechen. Daraus die Kopfpartie und Flügel schneiden. **(1)** Kopfpartie mit wenig Wasser auf den weißen Kreis kleben.

Zwei Kugeln aus gelbem Fondant formen und auf das Gesicht kleben. Etwas kleinere Kugeln aus schwarzem Fondant formen. Zudem zwei winzige weiße Kugeln formen. Mit den schwarzen als Augen aufkleben. **(2)**

Für den Schnabel kleine Kegel aus schwarzem Fondant formen und an die Spitze der Kopfpartie kleben. Federn mit einem Messerwerkzeug markieren. **(3)**

Für den Schal roten und gelben Fondant 5 mm dick ausrollen und in 5 mm breite Streifen schneiden, beide Farben mit ganz wenig Wasser zusammenkleben. Mit dem Kreis-Ausstecher mit Ø 7 cm einen Teil von den Streifen ausstechen. Mit einem etwas größeren Kreis-Ausstecher einen Teil der Streifen abstechen. Als Schal auf die Eule unter dem Schnabel kleben. **(4)**

Die Federn mit einem Messerwerkzeug auf den zwei Flügeln markieren und mit etwas Wasser an die Seiten kleben. Falls nötig, mit Wattepads unterstützen. **(5)**

ZAUBERSCHÜLER

Elfenbeinfarbenen Fondant weich kneten und 3–5 mm dick ausrollen. Mit einem Ausstecher (Ø 7 cm) einen Kreis ausstechen. Am besten auf einem halbrunden Ball platzieren.

Dunkelbraunen Fondant weich kneten, 3–5 mm dick ausrollen und einen Kreis mit Ø 5 cm ausstechen. Daraus Haare ausschneiden und eine Haarstruktur mit dem Messerwerkzeug markieren. Haare oben an das Gesicht kleben. **(6)** Die Blitz-Narbe markieren.

Als Ohren 2 kleine Kugeln aus elfenbeinfarbenem Fondant formen. In der Mitte mit dem Ballwerkzeug etwas eindrücken und mit Wasser an den Rand des Gesichtes kleben. **(7)**

Weißen Fondant weich kneten und 3–5 mm dick ausrollen. 2 Kugeln für die Augen ausstechen und aufkleben. Zwei kleinere schwarze Fondant-Kugeln für die Pupillen formen und auf die weißen Augen kleben. Zuletzt noch kleine weiße Kugeln auf die Pupillen kleben.

Für die Brille mit schwarzer Zuckerdekorcreme die Vorlage unter eine Folie legen, nachzeichnen und trocknen lassen. **(8)**

Eine kleine Kugel aus elfenbeinfarbenem Fondant formen und als Nase unter die Brille kleben. Den rosafarbenen Fondant weich kneten und 3 mm dick ausrollen, kleine Kreis ausstechen und in der Mitte teilen. Als Münder mit wenig Wasser unter die Nasen kleben. **(9)**

Zum Servieren die Creme am Rand mit etwas buntem Zucker bestreuen und das Gesicht auf der Creme platzieren.

Für die anderen Gesichter Haare und Augen nach Belieben in Form und Farbe anpassen.

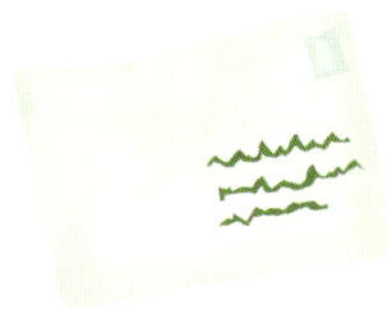

1
2
3
4
5
6
7
8
9

Für 30 Kekse

Pullover KEKSE

Zubereitung: 2 Std.

Backzeit: 30 Min.

ZUTATEN

FÜR DIE KEKSE

175 g Butter (Raumtemperatur)

50 g feiner Zucker

50 g Puderzucker

2 Eigelb (Größe M)

2 TL Puddingpulver (Vanillegeschmack)

1 TL Vanillearoma

300 g Mehl (Type 405)

FÜR DIE DEKORATION

250 g Fondant in Blau (Royal Blue)

50 g Fondant in Gelb

AUSSERDEM

Pullover-Ausstecher, Maisstärke, Rollstab mit Distanzringen, Strickmuster-Silikonform, ABC-Ausstecher, Skalpell, Pinsel, Zuckerkleber

ZUBEREITUNG

Den Backofen auf 180 °C (Ober-/Unterhitze) vorheizen. Zwei Backbleche mit Backpapier auslegen.

Für den Teig Butter, Zucker, Puderzucker, Eigelb, Puddingpulver und Vanillearoma in einer Küchenmaschine cremig rühren. Mehl zugeben alles gut zu einem glatten Teig verknetet ist. In Folie gewickelt ca. 30 Minuten in den Kühlschrank legen.

Nach dem Ausruhen auf einer bemehlten Oberfläche 7 mm dick ausrollen. Mit einem Pullover-Ausstecher Pullover ausstechen und auf den Backblechen jeweils 8–10 Minuten backen. Abkühlen lassen.

Für die Dekoration den blauen Fondant weich kneten und 7 mm dick ausrollen. Den ausgerollten Fondant in die Silikon-Form drücken, sodass er geprägt wird. **(1)** Den Fondant vorsichtig aus der Form lösen, dabei darauf achten, dass er nicht einreißt. Pullover ausstechen. **(2)**

Den gelben Fondant weich kneten und mindestens 3 mm dick ausrollen. Mit dem ABC-Ausstecher die Buchstaben ausstechen. 3 Minuten trocknen lassen und dann die Buchstaben vorsichtig ausschneiden. **(3)** Mit etwas Wasser den Buchstaben in die Mitte des Pullovers kleben. Zuletzt den Pullover mit etwas Zuckerkleber auf die Kekse kleben.

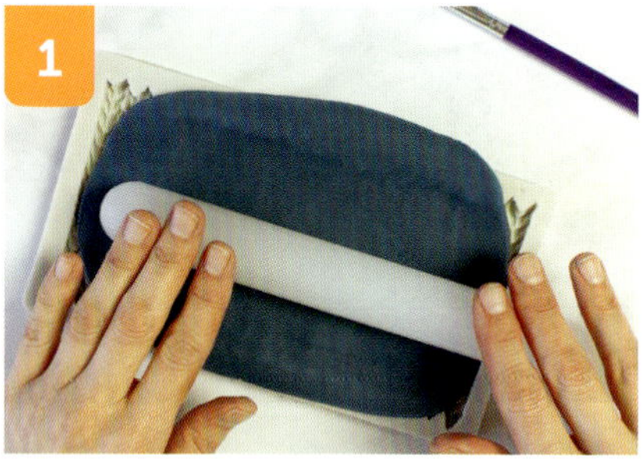

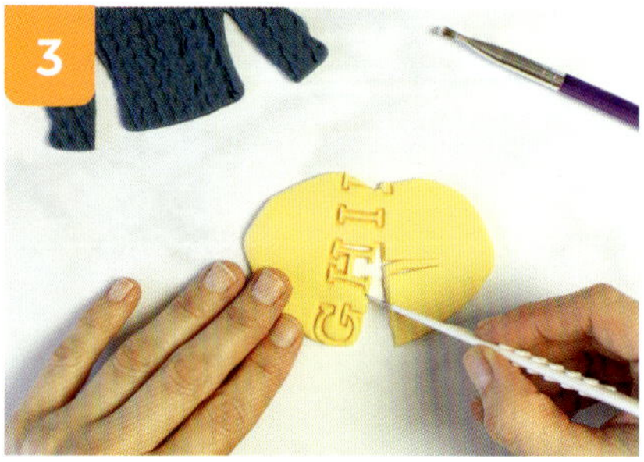

H
R
H
H
R

Für 12 Scones

Felsen

SCONES

Zubereitung:
20 Min.

Kühlzeit:
20 Min.

Backzeit:
20 Min.

ZUTATEN

240 g Mehl (Type 405)
2 TL Backpulver
50 g Zucker
Salz
60 g kalte Butter
90 ml Vollmilch
90 g Joghurt
60 g Rosinen
Ei und Milch zum Bestreichen

AUSSERDEM

Kreis-Ausstecher (Ø 5 cm)

ZUBEREITUNG

Mehl, Backpulver, Zucker und 1 Prise Salz in einer Schüssel mischen. Butter in Würfel schneiden und dazugeben. Alle Zutaten mit den Händen kneten, bis ein bröseliger Teig entsteht. Ein Loch in die Mitte machen.

Milch und Joghurt in das Loch geben und mit den Händen locker vermengen, aber nicht kneten. Rosinen unterheben und den Teig in eine 2 cm dicke rechteckige Form ausrollen, halbieren. In Frischhaltefolie luftdicht einschlagen und 20 Minuten im Kühlschrank ruhen lassen.

Den Backofen auf 180 °C (Ober-/Unterhitze) vorheizen und ein Backblech mit Backpapier auslegen.

Ein und milch miteinander verquirlen. Mit dem Kreisausstecher die Scones ausstechen und auf das Blech geben. Scones mit der Ei-Milch-Mischung bestreichen und 15–20 Minuten goldbraun backen.

Für 12 Cupcakes

Pixie

CUPCAKES

Dekoration:
1 ½ Std.

Zubereitung:
45 Min.

Backzeit:
20 Min.

ZUTATEN

FÜR DIE CUPCAKES

1 Rezept Zimt-Cupcakes

1 Rezept weiße Schokoladen-Buttercreme

bunte Zuckerperlen

FÜR DIE DEKORATION

250 g Fondant in Hellblau (Aqua Blue)

50 g Fondant in Weiß

50 g Fondant in Schwarz

AUSSERDEM

Maisstärke, Zuckerkleber, Pinsel, Kreis-Ausstecher (Ø 7 cm), Rollstab mit Distanzringen, Werkzeuge, Cupcake-Papierförmchen und -Blech, Spritztülle #M1, Spritzbeutel

ON INSTAGRAM
BEST BURGERS
GENUINE PASTA

ZUBEREITUNG

Mit der Herstellung der Dekoration am besten 1 Tag im Voraus beginnen oder am gleichen Tag herstellen.

Am Tag der Fertigstellung Cupcakes nach Grundrezept zubereiten, den Teig auf 12 Cupcake-Backförmchen aufteilen, backen und anschließend auskühlen lassen. Ebenso die weiße Schokoladen-Buttercreme nach dem Grundrezept herstellen.

Die Buttercreme in einen Spritzbeutel mit Tülle geben und auf die Cupcakes spritzen. Den Rand mit Zuckerperlen bestreuen.

ELFEN

Für die Elfen blauen Fondant 3 mm dick ausrollen und 12 Kreise (Ø 6 cm) ausstechen. Für die Ohren zwei kleinere Kreise von Ø 3 cm ausstechen. **(1)** Aus diesen Kreisen mit einem Kreis-Ausstecher einen sichelförmigen Ausschnitt abtrennen. Gegenüber eine Kante zum Aufkleben abschneiden. **(2)** Die Ohren mit wenig Wasser an das Gesicht kleben. Falls nötig, mit Wattepads unterstützen.

Weißen Fondant 2 mm dick ausrollen und zwei kleine Kugeln ausstechen. Beide Kugeln mit Wasser in die Mitte kleben. Für die Pupillen kleine Kugeln aus schwarzem Fondant formen und auf die weißen kleben. Anschließend mit Wasser winzige weiße Kugeln auf die schwarzen kleben. **(3)**

Aus dem blauen Fondant einen Kegel als Nase formen und unterhalb zwischen die Augen mit Wasser kleben. Für die Augenbrauen zwei kleine Kugeln in Tropfenform formen und oben auf die Augen kleben.

Blauen Fondant 3 mm dick ausrollen, zwei kleine Kugeln ausstechen und zwei dünne Zylinder formen oder schneiden und als Fühler auf den Kopf mit Wasser kleben. **(4)** Etwas trocknen lassen.

Zum Schluss die Pixies auf die Cupcakes setzen.

1

2

3

4

Für 24 Kekse

Kanarien

KEKSE

Zubereitung: 45 Min.

Backzeit: 20 Min.

ZUTATEN

FÜR DEN TEIG

170 g Mehl
65 g Puddingpulver (Vanillegeschmack)
¼ TL Natron
170 g Butter (Raumtemperatur)
50 g Puderzucker

FÜR DIE FÜLLUNG

60 g Butter (Raumtemperatur)
50 g Puderzucker
2 Tropfen Lebensmittelfarbe in Gelb
2 Tropfen Vanilleextrakt
Evtl. Milch

AUSSERDEM

Vogel-Ausstecher
Ausrollstab
Spritzbeutel + Tülle Nr. 10

ZUBEREITUNG

Den Backofen auf 175 °C (Umluft) vorheizen. Ein Backblech mit Backpapier auslegen.

Mehl, Puddingpulver und Natron in eine Schüssel sieben.

Butter und Zucker mit dem Handrührgerät ca. 3 Minuten cremig schlagen. Mehlmischung zugeben und vermengen. Den Teig kurz mit den Händen kneten und dann ca. 7 mm dick ausrollen. Mit dem Ausstecher Vögel ausstechen.

Die Kekse auf das Blech geben und im heißen Ofen (Mitte) 15–18 Minuten backen, bis sich die Kekse gerade leicht bräunen. Aus dem Ofen nehmen und vollständig abkühlen lassen.

Für die Füllung Butter, Puderzucker, Lebensmittelfarbe und Vanilleextrakt cremig rühren. Die Creme in einen Spritzbeutel geben und auf die Hälfte der Kekse auftragen. Die restlichen Kekse auflegen und leicht andrücken. In einem luftdichten Behälter halten sie sich bis zu 1 Woche.

Krawatten

Für 30 Kekse

KEKSE

Dekoration: 1 Std.

Zubereitung: 40 Min.

Backzeit: 30 Min.

ZUTATEN

1 Keksteig-Rezept

FÜR DIE DEKORATION

240 g Fondant in Burgund (Ruby Red)

340 g Fondant in Gelb (Yellow Mellow)

240 g Fondant in Blau (Denim Blue)

240 g Fondant in Grün (Forest Green)

100 g Fondant in Schwarz

100 g Fondant in Hellblau

AUSSERDEM

Zuckerdekorcreme

Lebensmittelfarbspray in Gold

ZUBEREITUNG

Die Kekse als Krawatten ausstechen und bereits 1 Tag im Voraus backen.

Für die Dekoration den roten, gelben, blauen und grünen Fondant 3 mm dünn ausrollen. Daraus so viele Krawatten ausstechen, wie Kekse vorhanden sind.

Aus dem gelben, schwarzen und hellblauen Fondant dünne Streifen schneiden und mit etwas Wasser auf die Krawatten kleben. **(1)**

Die Fondant-Krawatten mit etwas Zuckerdekorcreme auf die Kekse kleben.

Mit Zuckerdekorcreme die Buchstaben auf Backpapier aufmalen und trocknen lassen. Dann mit goldener Lebensmittelfarbe ansprühen und mit etwas Zuckerdekorcreme auf die Krawatten kleben. **(2)**

Für 250 g Weingummi

WEINGUMMI der Weisen

Zubereitung:
20 Min.

Ruhezeit:
3 Tage

ZUTATEN

200 g feinster Zucker
2 TL Agar-Agar
¼ TL Zitronensäure
1 TL Aroma (z. B. Bubble Gum)
Lebensmittelfarbe (Gel) in Rot

AUSSERDEM

15 x 15 cm Glas-Backform
Öl für die Form

ZUBEREITUNG

Die Backform mit etwas Öl und einem Backpinsel einfetten.

Zucker mit Agar-Agar und 120 g Wasser in einen Topf geben und verrühren, bis sich das Agar-Agar komplett aufgelöst hat. Das Gemisch bei niedriger bis mittlerer Hitze sprudelnd aufkochen lassen.

Temperatur auf niedrige Hitze stellen und ca. 8 Minuten weiterkochen, bis die Masse Fäden zieht. Den Topf vom Herd nehmen und etwas abkühlen lassen.

Zitronensäure, Aroma und die Lebensmittelfarbe dazugeben und verrühren. Die Masse in die Form geben, luftdicht verpacken und komplett auskühlen lassen.

Vorsichtig aus der Form nehmen, auf Backpapier geben und mit einem scharfen Messer Kristalle daraus schneiden. Nun für ca. 3 Tage an der Luft trocknen lassen, bis die äußere Haut ausgehärtet, aber die Mitte noch weich ist.

Für 8–12 Hüte

Halloween

HÜTE

Zubereitung: 25 Min.

Ruhezeit: 4 ½ Std.

ZUTATEN

8–12 Eiswaffel-Hörnchen

250 g Deco-Melts in Gelb

250 g bunte Zuckerperlen

verschiedene Süßigkeiten (nach Belieben)

Zuckerdekorcreme

Oblaten (Ø 40 mm)

ZUBEREITUNG

Für die Candy-Hüte die Kante der Waffelhörnchen abschneiden und begradigen. **(1)** Die Deco-Melt-Drops in der Mikrowelle oder über einem Wasserbad schmelzen. Sobald die Drops komplett geschmolzen sind, die Waffelhörnchen damit bestreichen. **(2)**

Die Zuckerperlen auf einen Teller geben und die bestrichenen Hörnchen in den Zuckerperlen wenden, bis alle Seiten bedeckt sind. Trocknen lassen. **(3)**

Dann die Hörnchen beliebig mit Süßigkeiten füllen. Mit wenig Zuckerdekorcreme den inneren Rand bestreichen und mit einer Oblate verschließen. **(4)**
Für etwa 4 Stunden trocknen lassen.

Für 30 Bonbons

Zitronen

BONBONS

Zubereitung: 20 Min.

Ruhezeit: 1 Std.

ZUTATEN

200 g Zucker

85 g Reissirup

2 TL Zitronensäure

Abrieb von 1 Bio-Zitrone

AUSSERDEM

Kugel-Noppen-Silikonform (Ø 1 cm)

Puderzucker oder feiner Zucker

ZUBEREITUNG

Zucker, Reissirup und 4 EL Wasser in einen Topf geben und unter ständigem Rühren zum Kochen bringen. Nicht mehr umrühren! Mit einem Zuckerthermometer die Temperatur messen. Sobald 310 °C erreicht sind, vom Herd nehmen.

Die Masse durchrühren, Zitronensäure und Zitronenschale zufügen und kurz weiterrühren. Sofort die Masse in die Silikonform streichen. Für 4 Minuten abkühlen lassen. Mit Zucker oder Puderzucker bestäuben. Dies verhindert, dass die Bonbons zusammenkleben. Komplett auskühlen lassen, dann die Bonbons aus der Form lösen.

Süßigkeiten

FUDGE

Für 16 Portionen

Zubereitung: 10 Min.

Kühlzeit: 2 Std.

ZUTATEN

260 g Deco-Melts in Gelb (oder Farbe nach Belieben)

300 g gezuckerte Kondensmilch

verschiedene Süßigkeiten (nach Belieben)

ZUBEREITUNG

Eine Backform (20 x 20 cm) mit Backpapier auslegen.

Die Deco-Melts über einem warmen Wasserbad schmelzen, dann herunternehmen. Die Kondensmilch angießen und gut verrühren, bis alles vermengt ist.

Die Mischung gleichmäßig in die Backform gießen und mit Süßigkeiten belegen. Für 2 Stunden kühl stellen und fest werden lassen.

Für 8 Bienen

KNISTER Bienen

Zubereitung: 25 Min.

Kühlzeit: 40 Min.

ZUTATEN

200 g Vollmilchschokolade

100 g Knister-Crispies (z. B. Pop Rocks®)

AUSSERDEM

Küchenthermometer

Bienen-Silikonform

ZUBEREITUNG

Die Schokolade hacken und über einem Wasserbad bei schwacher Hitze schmelzen. Herunternehmen und auf ca. 27 °C abkühlen lassen. Dann erneut über dem Wasserbad auf maximal 30 °C erwärmen.

Die Schokolade in die Form gießen und so verteilen, dass der gesamte Boden der Form bedeckt ist. Für 10 Minuten in den Gefrierschrank geben.

Die Schokobienen aus dem Gefrierschrank nehmen und auf jede Biene die Knister-Crispies geben. Die restliche flüssige Schokolade in die Formen gießen, bis sie komplett bedeckt sind. Nochmals für 30 Minuten einfrieren. Dann die Bienen aus der Form nehmen und überraschen lassen.

Für 8 Frösche

SCHOKO Frösche

Zubereitung: 25 Min.

Kühlzeit: 40 Min.

ZUTATEN

200 g Vollmilchschokolade
100 g Schokoladen-Knusperperlen

AUSSERDEM

Frosch-Silikonform

ZUBEREITUNG

Die Schokolade hacken und über einem Wasserbad bei schwacher Hitze schmelzen. Herunternehmen und auf ca. 27 °C abkühlen lassen. Dann erneut über dem Wasserbad auf maximal 30 °C erwärmen.

Die geschmolzene Schokolade in die Formvertiefungen gießen, bis der Boden der Form bedeckt ist. Dann etwas verstreichen und für 10 Minuten in den Gefrierschrank stellen.

Herausnehmen und jeden Frosch mit den Schokoladen-Knusperperlen füllen. Die restliche Schokolade über die Knusperperlen geben, bis die Formen komplett gefüllt sind. Nochmals für 30 Minuten einfrieren. Die Frösche aus der Form nehmen und aufpassen, dass sie nicht weghüpfen!

Für 6 Bomben

Fliegende

SCHOKO-BOMBEN

Zubereitung:
1 Std.

Ruhezeit:
1 Woche

Kühlzeit:
30 Min.

ZUTATEN

100 g Fondant in Weiß
125 g Deco-Melts in Gelb
Lebensmittelfarbspray in Gold
Zuckerdekorcreme
goldene Zuckerperlen

AUSSERDEM

Zahnstocher
Halbkugel-Silikonform (Ø 4 cm)

ZUBEREITUNG

Für die Flügel den weißen Fondant 2 mm dick ausrollen. Die Flügel daraus ausschneiden und mit dem Messerwerkzeug die Federn markieren. Auf der Rückseite Zahnstocher eindrücken und mit etwas Wasser befestigen. Mindestens 1 Woche trocknen lassen.

Für die Bomben die Deco-Melts langsam über einem heißen Wasserbad schmelzen. Jeweils etwas Melt in die Formvertiefungen geben und mit dem Rücken eines Teelöffels verteilen. Im Kühlschrank für 15 Minuten kühlen. Dann nochmals geschmolzenes Deco-Melt in die Formen streichen. Wieder 15 Minuten kühl stellen.

Die Hälften aus den Formen lösen. Die Hälfte der halben Kugeln mit goldenen Zuckerperlen und Sternen füllen. Bei den anderen Hälften Zuckerdekor am Rand auftragen und auf die gefüllten Halbkugeln setzen. Leicht andrücken und trocknen lassen.

Vorsichtig zwei kleine Löcher oben in die Kugeln machen. Dazu ein spitzes Messer oder Zahnstocher nehmen. Die Kugeln mit Farbspray in Gold ansprühen. Dazu am besten Einmalhandschuhe anziehen. Die Flügel in die Löcher stechen und mit Zuckerdekorcreme oder Deco-Melts festkleben.

Die Katastrophe
196
197

Kessel PUDDING

Für 6 Portionen

Zubereitung: 45 Min.

Kühlzeit: 1 Std.

ZUTATEN

FÜR DEN PUDDING

650 g Vollmilch (Raumtemperatur)

80 g Zucker

Salz

3 EL Maisstärke

1 TL Vanilleextrakt

2 Eigelb (Größe L, Raumtemperatur)

1 Rezept Vanille-Buttercreme

AUSSERDEM

Spritzbeutel mit großer Sterntülle (#M1) (alternativ Wilton ColorSwirl™ Dekorationsset/Spritztülle für 3-farbige Creme)

6 Kessel-Dessertschälchen

ZUBEREITUNG

500 g Milch in einem großen Topf zum Kochen bringen. Währenddessen in einer Schüssel Zucker, 1 TL Salz, Stärke, Vanille und 150 ml Milch vermischen. Die Eigelbe hinzufügen und gut unterrühren.

Die Ei-Stärke-Mischung in die kochende Milch rühren und kurz weiterkochen lassen, bis sie eindickt. Den Pudding in die Kessel geben und 1 Stunde im Kühlschrank erkalten lassen.

Die Buttercreme nach dem Grundrezept herstellen und auf 3 Schüsseln aufteilen. Die Drittel jeweils einzeln rot, orange und gelb färben. Die Farben nebeneinander auf eine ausgebreitete Frischhaltefolie geben und diese von der langen Seite her einrollen. Das Ende an der Cremeseite aufschneiden und in einen großen Spritzbeutel mit Tülle geben.

Die Buttercreme in Swirls von außen nach innen auf den Kessel-Pudding spritzen.

Für 6 Gläser à 330 ml

Butter

BEER

Zubereitung: 15 Min.

ZUTATEN

60 g Butter

200 ml Schlagsahne

2 EL Vanillearoma

2 EL Zucker

6 Dosen A&W Cream Soda™ (kalt)

Butterscotch- oder Karamell-Sirup zum Verzieren (nach Belieben)

ZUBEREITUNG

Butter schmelzen und wieder auf Raumtemperatur abkühlen lassen, sie sollte aber noch flüssig sein.

Schlagsahne steift aufschlagen, dabei Vanille, Zucker und Butter zugeben.

Kalte Cream Soda in Gläser gießen und mit der Sahne toppen. Nach Belieben kann Butterscotch oder Karamell-Sirup auf die Creme gegeben werden.

Für 6–8 Eier

Drachen

EIER

Zubereitung:
30 Min.

Kühlzeit:
2 Std.

ZUTATEN

250 g Deco-Melt in Grün

120 g Brauseperlen

Zuckerdekorcreme

Lebensmittelfarbspray in Velvet Green

AUSSERDEM

Eier-Silikonform (6 cm)

Backpinsel

ZUBEREITUNG

Grüne Deco-Melts schmelzen und jeweils 1 TL in die Vertiefungen der Silikonform geben. Mit einem Pinsel ausstreichen und für ca. 15 Minuten in den Kühlschrank geben. Eine weitere Schicht Deco-Melts auftragen und erneut 15 Minuten im Kühlschrank kühlen.

Schalen aus der Form lösen, die Eierhälften mit Brauseperlen füllen, mit Zuckerdekorcreme den Rand einschmieren und mit einer weiteren Hälfte verschließen. Schuppen mit Zuckerdekorcreme auf die Eier zeichnen und ca. 1 Stunde trocknen lassen.

Das Farbspray gut schütteln und die Eier aus einer Entfernung von ca. 15 cm besprühen. Trocknen lassen.

HINWEIS

Am besten die Eier in einer Box oder in einem Schuhkarton besprühen, ansonsten färbt sich alles grün. Mit Handschuhen arbeiten.

Über die Autorin

Die in Sydney geborene Monique Ascanelli wuchs in Argentinien auf und lebt nun bereits seit 17 Jahren in Deutschland. Mit 18 Jahren buk sie ihre erste Torte und kann seitdem nicht mehr damit aufhören. 2010 gründete sie *The Cake Topper* und zeigt hier wie man Torten dekoriert. Mittlerweile gibt sie Kurse für Tortendekoration, -gestaltung und schreibt Anleitungen für Tortenmagazine. Als erste Gewinnerin der Fernsehsendung *Die Tortenschlacht* 2014 wurde sie national bekannt. Seitdem ist die mehrfache Buchautorin in verschiedenen TV-Shows aufgetreten und arbeitet mit Top-Marken wie Satin Ice und Funcakes zusammen. Auf ihren facebook und Instagram-Kanälen zeigt sie regelmäßig ihre wunderbaren Tortenkreationen.

Instagram: @the_cake_topper

Danke

In liebevollem Gedenken an meine Stiefmutter Mónica Alaniz.
In unserem Herzen wirst Du ewig leben.

Ein großes Dankeschön geht an Funcakes dafür, dass sie mir ihre Produkte zum Backen und Dekorieren zur Verfügung gestellt haben. www.funcakes.com

Noch mehr zauberhafte Bücher

MOTIVTORTEN BACKEN

ISBN 978-3-96093-071-6

€ 20,00 (D) | € 20,60 (A)

HELDEN DER KINDHEIT – DAS BACKBUCH – MOTIVTORTEN, MUFFINS, KEKSE & MEHR

ISBN 978-3-96093-446-2

€ 20,00 (D) | € 20,60 (A)

DAS WEIHNACHTSBACKBUCH

ISBN 978-3-7459-0795-7

€ 22,00 (D) | € 22,70 (A)

MEIN ADVENTSKALENDER-BACKBUCH BÜR POTTERHEADS AND FRIENDS

ISBN 978-3-7459-0662-2

€ 15,00 (D) | € 15,50 (A)

DIE HÄKELSCHULE FÜR POTTERHEADS!

ISBN 978-3-7459-0633-2

€ 18,00 (D) | € 18,50 (A)

DIE ZEICHENSCHULE FÜR POTTERHEADS!

ISBN 978-3-7459-0684-4

€ 17,00 (D) | € 17,50 (A)

Impressum

Bibliografische Information der Deutschen Bibliothek.

Die Deutsche Bibliothek verzeichnet diese Publikation in der Deutschen Nationalbibliografie.

Detaillierte bibliografische Daten sind im Internet über http://www.dnb.de/ abrufbar.

EIN BUCH DER EDITION MICHAEL FISCHER
1. Auflage 2021

Covergestaltung: Katharina Bittel
Redaktion und Lektorat: Lena Buch
Layout, Satz und Illustrationen: Pia von Miller

Alle Banner: Shutterstock/©K3Star;
Goldeffekt: S.1–3, 9, 18, 45: Shutterstock/©Detchana wangkheeree

ISBN 978-3-7459-0665-3

Gedruckt bei Polygraf Print, Čapajevova 44, 08001 Prešov, Slowakei

www.emf-verlag.de